VOCÊ
E SEU
BARCO

Betania Tanure
Roberto Patrus

VOCÊ E SEU BARCO

Bússolas, motores e mapas para você
liderar a si mesmo e liderar pessoas, equipes e
empresas rumo a resultados extraordinários
e admiráveis em mares com fortes ventos

Q
QUALITYMARK

Copyright© 2022 by Betania Tanure e Roberto Patrus

Todos os direitos desta edição reservados à Qualitymark Editora Ltda.
É proibida a duplicação ou reprodução deste volume, ou parte do
mesmo, sob qualquer meio, sem autorização expressa da Editora.

Direção Editorial
SAIDUL RAHMAN MAHOMED
editor@qualitymark.com.br

Produção Editorial
EQUIPE QUALITYMARK

Capa e Projeto Gráfico
ORA DESIGN

Editoração Eletrônica
ABREU'S SYSTEM

CIP-BRASIL. CATALOGAÇÃO NA PUBLICAÇÃO
SINDICATO NACIONAL DOS EDITORES DE LIVROS, RJ

T174v

Tanure, Betania
 Você e seu barco / Betania Tanure, Roberto Patrus. – 1. ed. – Rio de Janeiro : Qualitymark Editora, 2022.
 256 p. : il. ; 23 cm.

 Inclui bibliografia
 ISBN 978-85-414-0417-4

 1. Administração de pessoas. 2. Liderança. I. Patrus, Roberto. II.Título.

22-78933
                CDD: 658.4092
                CDU: 005.322:316.46

Meri Gleice Rodrigues de Souza – Bibliotecária – CRB-7/6439

**2022
IMPRESSO NO BRASIL**

Qualitymark Editora Ltda.
Rua Carlos Machado, 155 – sl. 207
Polo Cine e Vídeo – Jacarepaguá
CEP: 22775-042 – Rio de Janeiro – RJ	www.qualitymark.com.br
E-mail: quality@qualitymark.com.br
Tels.: (21) 3597-9055 / 3597-9056
Vendas: (21) 3296-7649

A minha querida mãe, minha querida Martha, Martha Tanure de Barros, que sempre, sempre me abençoou.
Receba sempre todo o meu amor, onde você estiver.

Betania Tanure

APRESENTAÇÃO

Este é o nosso quarto livro em parceria. O trabalho conjunto tem sido, para cada um de nós, a demonstração de que a criação coletiva pode ser infinitamente superior à criação individual.

A satisfação que sentimos ao finalizar cada um dos trabalhos que fizemos juntos não seria a mesma se os tivéssemos feito sozinhos. Este livro traduz o nosso propósito, o propósito da BTA e nosso trabalho cotidiano: contribuir para que pessoas, organizações e sociedade sejam melhores.

Pessoas melhores contribuem para que as organizações em que trabalham sejam melhores. Organizações melhores contribuem para que a sociedade seja melhor. Por outro lado, completando o ciclo e demonstrando a importância da cultura, sociedades melhores cultivam organizações melhores, que por sua vez estimulam as pessoas a serem melhores.

A gestão da cultura, seja de um país, seja de uma organização, é feita por pessoas, sobretudo aquelas que lideram. Na empresa, a liderança é a força motriz de desenvolvimento da cultura e, por sua vez, das pessoas.

Dirigimo-nos a você, leitor, o timoneiro que conduz o barco da sua empresa, o barco da sua vida. Nosso desejo é contribuir para que você se desenvolva como Dirigente, seja capaz de conjugar os dois lados de tudo o que existe e de fazê-lo com unidade de pensamento e autoconhecimento – tanto ao atuar individualmente como ao fazer parte de Grupos, Times e Equipes. A gestão e a transformação da cultura da sua empresa dependem também de você.

Iniciamos este livro antes da pandemia. Ele sofreu com os ventos fortes, ele e nós. Mas a convicção de que, mesmo sob a força de ventos, devemos seguir em frente, nos trouxe até aqui.

Agradecemos a todos os que estão presentes de alguma forma nesta viagem: aos executivos e empresários que sempre respondem às nossas pesquisas e que generosamente se entusiasmaram com a proposta deste livro, permitindo que sua experiência fosse aqui compartilhada; aos nossos clientes, alunos e colegas de Conselhos de Administração; aos tantos amigos que fizemos ao longo da jornada no mundo executivo; às queridas Mulheres do Brasil; aos companheiros da ousada jornada Unidos pela Vacina, aqui representados por Luiza Trajano; ao Grupo 2022; ao #vocemudaobrasil e a tantos outros parceiros de jornadas em prol do Brasil. Interagimos com a generosidade de quem confia, de quem partilha a alma com suas dores e seus amores, de quem luta pela construção de um mundo melhor.

Também agradecemos a todos os nossos colegas de trabalho, a todos, sem exceção. Eles estão presentes em cada um dos capítulos e são aqui representados nas pessoas de: Maria Auxiliadora de Souza; Marta Campello, por todos os meus colegas da BTA; Joe Santos e colegas do Insead, da London Business School e de todas as instituições internacionais com quem interagimos sempre, que estiveram presentes em toda a jornada, em todos os capítulos dessa viagem. Somos gratos ainda a toda a equipe de suporte da BTA, simbolizada aqui por Tatiane Guimarães e Lucy Guello, que nos deu todo o suporte nesta reta final. Por fim, agradecemos a nossos familiares, que estimulam e fortalecem a nossa jornada. E na primeira pessoa, eu, Betania, sou orgulhosa dos meus filhos, Luisa e Guilherme, que leram os originais deste livro e, como jovens incríveis que são, fizeram observações que apenas jovens incríveis poderiam fazer.

Estamos felizes com a oportunidade de compartilhar nossa experiência e nosso conhecimento.

Desejamos que a leitura seja semente de reflexões e análises sobre sua prática pessoal e profissional, sobre você e o barco. E indo além, que estimule você e seu barco a navegar sempre em busca da felicidade, em busca de ser uma pessoa melhor, que está em uma organização que busca ser melhor e que atua de modo a contribuir para que o nosso Brasil seja melhor.

BETANIA TANURE
ROBERTO PATRUS

SUMÁRIO

1 – NAVEGAR É PRECISO 13

2 – O TIMONEIRO 23

   2.1. Cuidando do barco: a competência do Gestor................. 26

   **2.2. Mudando e acelerando o fluxo natural:
a competência pessoal do Líder** 32

      2.2.1 A bússola do autoconhecimento 42

         **2.2.1.1 A bússola do temperamento:
as correntezas** 44

- O fechamento das comportas 46
- Inundando outros rios................................... 50

         2.2.1.2 A bússola: "estar no mirante" 53

         2.2.1.3 A bússola e os pontos cardeais do reto pensar 60

- O norte do reto pensar: o ser humano é só... 65
- O sul do reto pensar: a culpa é inútil........... 67
- O leste do reto pensar: *"(There is) no free lunch"* 72
- O oeste do reto pensar: *saiba o chapéu que você está usando* 77
- O norte magnético do reto pensar: *a premissa de ser honesto* 80

   2.3. Integrando as competências: o Dirigente 87

      2.3.1. Tocando o barco com alma: a competência política do Dirigente 88

      2.3.2. Competência do Dirigente: cultivar o cheiro agridoce em qualquer estação 100

         2.3.2.1. Melhoria radical de produtividade: a culinária azeda 103

         2.3.2.2. Criar oportunidades de crescimento: a culinária doce 105

         2.3.2.3. O agridoce nas empresas brasileiras: competência e cultura ainda tímidas 107

2.4. A construção de pontes: atuação do Estadista em prol do bem comum 110

3 – A TRIPULAÇÃO 123

3.1. Os estágios do desenvolvimento coletivo: Grupo, Time ou Equipe. Onde você está? 126
    3.1.1. Quando a tripulação do barco é um Grupo 128
        3.1.1.1 A etapa da anarquia grupal: a tormenta 130
        3.1.1.2 A etapa da obediência passiva 132
        3.1.1.3 A etapa da desobediência grupal 135
        3.1.1.4 A etapa do teatro organizacional 136
    3.1.2. Quando a tripulação do barco é um Time 140
        3.1.2.1 O objetivo coletivo 142
        3.1.2.2 As relações entre os membros 143
        3.1.2.3 As competências 144
        3.1.2.4 As regras do jogo 145
        3.1.2.5 Os resultados 145
        3.1.2.6 O Time Gestor 147
        3.1.2.7 O Time Líder 150
    3.1.3. Quando a tripulação do barco é uma Equipe Dirigente 151
        3.1.3.1 O motor do Propósito 153
        3.1.3.2 O motor do *esprit de corps* 155
        3.1.3.3 O motor da valorização das diferenças que viabiliza a inovação 158
        3.1.3.4 O motor da Confiança 166
        3.1.3.5 O motor dos resultados empresariais extraordinários e admiráveis 169
    3.1.4 Quando a Equipe do Barco é uma Equipe Estadista 173

4 – O BARCO 177

4.1. O cheiro do barco – o jeito de ser e de fazer 179

4.2. O cheiro do barco tem também o cheiro do mar 185
    4.2.1 O perfume do poder 187

  4.2.2 O aroma das relações pessoais 194
  4.2.3 A fragrância da flexibilidade 199

4.3. Mudar ou transformar o cheiro do barco? 202
  4.3.1. Os ventos das mudanças e transformações
    de cultura 208
    4.3.1.1 Os ventos da crise 209
    4.3.1.2 Os ventos da mudança do timoneiro 213
    4.3.1.3 Os ventos das fusões e aquisições (F&A) 215
      • Assimilação 217
      • Pluralidade 220
      • Mescla 223
      • Transformação 225
      • Movimento reverso 226

4.4. Mudança de cultura: portos a visitar 228
  4.4.1. Mapeamento das culturas 228
  4.4.2. A jornada da mudança de cultura 229
    4.4.2.1 Boas intenções não bastam 230
    4.4.2.2 Os quatro ciclos 231
    4.4.2.3 Embarque: o papel de cada um 235

5 – VIVER NÃO É PRECISO 241

POST SCRIPTUM 247

NOTAS 251

1
NAVEGAR É PRECISO

1
NAVEGAR É PRECISO

Uma empresa é como uma embarcação a navegar em rios e mares cada vez mais instáveis e disruptivos. E ser Líder[1] é como governar um barco – ou uma lancha, uma balsa, um navio, um transatlântico. Pode-se atingir a velocidade de uma lancha de altíssimo desempenho, para adaptar-se aos novos cenários, ou ser como um pesado transatlântico, cuja mudança de rumo não se faz de uma hora para outra. Estar à frente de um negócio ou na cúpula de um projeto desse negócio é construir a sua governança. Curiosamente, o verbo utilizado para guiar ou conduzir embarcações é "governar". Neste livro, vamos nos valer dessa metáfora náutica para conversar com você sobre sua navegação.

Governar uma empresa é necessário. Em meio às muitas incertezas e às rupturas que as crises aceleram, é a ciência que confere precisão à navegação empresarial. O conhecimento científico já oferece bússolas, mapas, motores e conhecimentos diversos para que se navegue com sucesso, mesmo em águas tortuosas que contornam o "vale da morte".

Valendo-se de uma riqueza de nossa língua portuguesa, a ambiguidade da palavra, Fernando Pessoa eternizou um verso de Pompeu, general romano do século I a.C.: "Navegar é preciso, viver não é preciso".

Para uma viagem precisa, no sentido de exata e correta, é fundamental saber usar os instrumentos de navegação, e o conhecimento do negócio é um deles. Tal competência vai além da capacidade técnica do Gestor, que é genérica e se aplica mais facilmente a qualquer empresa. Estamos falando de uma competência específica do negócio, que não pode ser negligenciada na trajetória do executivo e da empresa. Não basta ter domínio da gestão de negócios. É preciso conhecer, também, o ser humano e a dinâmica das suas relações com o seu entorno, para cima, para os lados e para baixo, no ambiente

---

[1] Optamos pela não distinção de gêneros no texto para não dificultar a leitura. No entanto, toda e qualquer menção feita neste livro a executivos, Dirigentes, Gestores e pessoas em geral diz respeito a todos os gêneros.

interno e externo. É preciso conhecer o funcionamento de uma equipe e ser capaz de decifrar e compreender sutilezas, perceber o que está por detrás do óbvio. É preciso influenciar a cultura, modelá-la, zelar por ela, ser *role model*, saber sentir o "cheiro do lugar", tanto do barco quanto do ambiente em que a empresa está inserida. Essas são competências típicas do que denominamos "Líder"[2].

[Diagrama manuscrito:
CAP. 1 — Navegar é preciso
CAP 2 — Indivíduo
CAP 3 — Equipe
CAP 4 — Cultura / ambiente
CAP 5 — Viver não é preciso]

Os elementos empresariais que compõem o objeto deste livro são o indivíduo, as equipes e a cultura, que são influenciados pelo ambiente, o quarto elemento, e podem influenciá-lo. No âmbito individual, tema do segundo capítulo, um dos elementos necessários para uma navegação precisa é o desenvolvimento de Gestores, Líderes, Dirigentes e Dirigentes Estadistas com capacidade de trabalhar em equipe. Três tipos de competência são fundamentais: a técnica, que podemos chamar de objetiva; a pessoal, que denominamos de subjetiva; e a política, que refina ou sofistica as duas primeiras e as articula. A atuação do executivo depende de como ele conjuga essas competências. Aquele cuja competência técnica é preponderante atua como Gestor. Aquele que prima pela competência pessoal tem o perfil de Líder. Quem integra essas duas competências, agregando a elas a de caráter político, é o Dirigente. Quando o Dirigente trabalha a sua competência política não apenas

---

[2] Os conceitos de Líder (competência pessoal), Gestor (competência técnica) e Dirigente (que reúne as competências de Gestor e de Líder, articuladas pela competência política) serão usados com inicial maiúscula com a finalidade de distingui-los do uso comum e corrente dessas palavras.

internamente, mas também para transformar de modo positivo o seu entorno, a sociedade e a realidade do seu país, ele atua como Dirigente Estadista.

Nosso primeiro objetivo é possibilitar a você, leitor, o reconhecimento das competências que mais utiliza na sua viagem, o que caracteriza o seu estilo atual de liderança predominante. Esse é o passo inicial para o segundo objetivo, ou seja, apoiar o desenvolvimento das suas competências para que você atue como Dirigente Estadista, de acordo com o seu projeto de carreira e a sua ambição pessoal e profissional. Para o cumprimento desses objetivos, você deve sempre começar com uma autoavaliação, poderosa ferramenta de desenvolvimento. Avalie o seu papel no barco da sua empresa e no barco da sua vida para então ver como aperfeiçoar o seu próprio desempenho, o da sua equipe e o da sua empresa.

Ainda no segundo capítulo, você deve conhecer as bússolas que guiam a sua viagem como executivo e saber usá-las para chegar ao seu destino. Você é o timoneiro do barco, você é o timoneiro do seu barco.

No terceiro capítulo, distinguimos os conceitos de Grupo, Time e Equipe, mostrando a superioridade do último em relação ao segundo e deste em relação ao primeiro, com vistas a destacar a importância de fazer a Equipe funcionar, com o maior desempenho possível dos seus membros, em um clima de saúde, respeito e com a maior produtividade de que é capaz, capturando-se o melhor de cada um. Em um mundo que vive crises radicais e complexas e que apresenta um grande avanço tecnológico que permite conectar tudo e todos por via *on-line* em tempo integral, é missão impossível estar absolutamente atualizado e com domínio de todas as competências exigidas de um executivo. Não é possível ser um superdirigente o tempo todo, mas pode-se estar em uma superequipe cujos membros estão preparados para revezar as suas competências e permitir a melhor atualização possível das capacidades de todos, afinal, como um de nós preconiza em um artigo, "ninguém é perfeito, mas uma equipe pode ser"[1]. Nessa parte, pretendemos que você, leitor, seja capaz de compreender a dinâmica de uma Equipe, os estágios da sua evolução e... evoluir!

> *"Ninguém é perfeito,
> mas uma equipe pode ser"*
> — Betania Tanure

Você deve conhecer ainda, no terceiro capítulo, os motores que dão à Equipe a estabilidade necessária para governar o barco com a melhor performance e a esperança (do verbo esperançar, e não do verbo esperar) de realizar um propósito compartilhado. A Equipe é a tripulação que governa o barco. Sua dinâmica depende do exercício do poder da maioria dominante, aquela que dá o tom, que promove a ambiência, a interação das pessoas e, consequentemente, seus resultados. Com base nos critérios que balizam o desenvolvimento coletivo, ou seja, nas âncoras, que simbolizam a esperança de avançar, apontamos os motores que impulsionam a evolução de um Time e de uma Equipe.

> *O cheiro do barco é a maior (des)vantagem competitiva*

No quarto capítulo abordamos outro elemento decisivo na condução de uma embarcação: a cultura organizacional. Todo barco tem o seu próprio cheiro, o "cheiro do lugar", a atmosfera que potencializa ou restringe a atuação das pessoas.

Conhecer o cheiro do lugar é o primeiro passo para, se necessário, transformá-lo. Algumas empresas têm o cheiro de um barco tradicional, marcado pelo controle, pela obediência, pela burocracia excessiva, o que dificulta a realização do binômio erro-aprendizagem com ajuste de rota. Outros aspectos que marcam essas organizações são o formalismo dos contratos e o foco dos resultados limitado aos aspectos econômico-financeiros. Outros barcos respiram o cheiro de uma organização que constrói o seu futuro, administra as incertezas, é ágil e tem consciência de que erros acontecerão e deverão promover aprendizagens rápidas para ajuste de rota a favor de Resultados Empresariais[3]. A transformação do cheiro do lugar, da embarcação, é um trabalho de mudança e gestão da cultura organizacional.

Nesse capítulo pretendemos que nosso leitor reconheça que o cheiro do barco é definido também pelo cheiro das águas em que navega, ou seja, da cultura do país, a qual tem como pilares principais a forma de exercer poder, as relações e a flexibilidade, fatores que interferem positiva ou negativamente na cultura da empresa, no seu cheiro. Também queremos que você apreenda que o cheiro do barco é influenciado ainda pelo "aroma" exalado pelos executivos, sejam eles Gestores, Líderes ou Dirigentes, e pelo cheiro dos ventos, às vezes calmos, mas predominantemente tempestuosos. Os limites organizacionais são cada vez mais pontilhados, e a sua lógica precisa incluir a lógica do ecossistema. Crises econômicas, geopolíticas, sanitárias, éticas, afetivas e sobretudo antropológicas se alternam e se misturam no entorno social da organização. Além de cíclicas, são por vezes também concomitantes. Surpresas como catástrofes naturais, em um mundo ambientalmente ameaçado, pandemias, como a do novo coronavírus, iniciada em 2020, ou mesmo guerras, como a da Rússia x Ucrânia, de 2022, são ventos que interferem profundamente na estabilidade do barco e dos navegadores.

O ambiente é disruptivo, cada vez mais digital, afeta a empresa e ameaça o seu *status quo*. A pandemia trouxe, de forma aguda, um novo ritmo à necessidade de transformação. Não há porto seguro. Vivemos uma era de incertezas. Por mais que desenvolvamos a precisão da ciência, caminho para minimizar a insegurança, o ambiente está sempre sujeito a tempestades e trovoadas. Ele é impreciso. O mundo, conectado vinte e quatro horas por dia, não permite viver nem fazer nada "em *off*". O aparente caos do mundo aumenta a emoção da viagem, realçando a importância de dar mais sentido à jornada.

O caminho tem de ser significativo. Empresas com princípios e propósito claros e compartilhados navegam tendo estrelas como

---

[3] Resultados Empresariais devem ser buscados em todas as dimensões, em níveis cada vez mais elevados: para o indivíduo, as equipes, a empresa, seus *stakeholders* e a sociedade.

guias nos momentos em que a incerteza turva a clareza de como será o futuro. E cada porto deve ser comemorado como ponto de chegada e de novo recomeço. Se navegar é preciso, é necessário e deve ser feito com precisão; já viver não é preciso, é incerto.

Ainda no quarto capítulo você deve apreender a ideia de que a cultura é um grande diferenciador do negócio e funciona como a "cola" que integra as dimensões organizacionais, tanto aquelas mais *hard* quanto as mais *soft*. E uma Liderança robusta modela a cultura para habilitar a organização na realização das suas estratégias – ou, mais do que isso, a Liderança é a sua grande estratégia.

Vale lembrar que a competência da Liderança não é exercida de maneira isolada, acontece na ambiência da embarcação, no lugar com seu cheiro, na tripulação, com suas complexidades e especificidades. Dessa forma, caríssimo leitor, sua Liderança é o outro lado da moeda da cultura, a cola que faz a navegação fluir, mudando ou acelerando o fluxo e o ritmo das coisas, e não apenas seguindo naturalmente os ventos. Assim, a Liderança e a Cultura conectam as dimensões organizacionais e, ancoradas no propósito, buscam resultados empresariais extraordinários para todos.

Cultura no Jeito de ser e Jeito de Fazer

Você deve compreender que a cultura da empresa é o *jeito de ser e de fazer* da organização, definição cunhada na BTA desde os primeiros anos deste século. O barco é a empresa, e o conjunto de outros barcos, navios e lanchas que circulam com a sua embarcação faz parte do seu ambiente e tem impacto fundamental nos resultados exponenciais que você quer obter. Os mapas e os balizamentos são instrumentos de representação da realidade que ajudam você a colocar-se no seu lugar, saber o seu caminho e chegar ao seu destino. É preciso técnica e arte para conduzir o barco durante essa jornada, ainda que o futuro guarde sempre a marca de alguma imprevisibilidade.

O conhecimento da governança empresarial, em suas diferentes esferas (indivíduo, equipe, cultura e ambiente), não se faz possível sem a contínua revisão, crítica, profunda e com método, das teorias científicas diante da realidade da administração nas empresas. A busca objetiva da verdade exige o eterno confronto entre o conhecimento científico e a experiência empresarial. O exercício da reflexão faz da ciência um campo aberto às novas contribuições e descobertas. Com essa perspectiva, procuramos conjugar as teorias científicas, fruto de pesquisas rigorosas, com a prática no mundo organizacional e o conhecimento do ambiente cada vez mais instável em que vivemos, articulando esses fatores com o conhecimento da psique do ser humano.[II] Essa integração entre as ideias e a realidade foi feita de modo que você, leitor, dialogue com o texto por meio de uma linguagem simples e direta.

A conclusão completa este livro no capítulo cinco.

Compartilhamos esse conhecimento na companhia de muitos empresários e executivos com quem embarcamos ao longo de nossa viagem como consultores, executivos, membros de Conselhos de Administração, pesquisadores, professores e mediadores de conflitos. Alguns desses empresários generosamente aceitaram dividir com você o legado das experiências que viveram.

Estamos todos no mesmo barco. A atualização do conhecimento e da experiência permite acreditar na possibilidade de o executivo e sua equipe alterarem o fluxo natural das coisas. Não só o seu próprio fluxo natural, mas também o da sua equipe, o da sua empresa, o do país. Sua atuação como Estadista pode contribuir para a construção da história que seu propósito anuncia, mesmo que navegando contra o vento.

Bem-vindo a bordo! Começa aqui sua nova jornada em busca do seu aperfeiçoamento como pessoa, como executivo e como cidadão. Embarque conosco. É preciso navegar! Navegar é preciso!

Bem-vindo a bordo!

2
O TIMONEIRO

2
O TIMONEIRO

O executivo que participa do controle da roda de leme é o timoneiro do barco, ou melhor, um dos timoneiros. No entanto, ele não controla os ventos nem o poder das correntezas. Suas decisões afetam o curso da empresa e a sua direção, os quais, por sua vez, sofrem influência dos vários ambientes: o organizacional, o institucional, o político, o econômico e o social. Mas, atenção: os executivos também podem influenciar o ambiente. Aliás, devem fazer isso. Ser executivo é exercer poder, tomar decisões, influenciar e ser influenciado por todos os que o cercam. À medida que isso ocorre ele constrói condições para mudar o fluxo natural das pressões que recebe no sentido de rumar na direção escolhida, e não ao sabor de ventos e correntezas.

Poder, como a etimologia latina dessa palavra sugere, é *potentia*. Pressupõe a capacidade de influenciar o comportamento de outras pessoas ou grupos. São diversas as formas de exercício da influência, que vão desde o uso autocrático da força até formas mais sofisticadas de articulação da autoridade. Para governar uma empresa, é preciso saber como mover o leme, o que fazer para que o barco siga na direção desejada. O acionamento do leme pode ser feito por meio do timão, de forma mecânica, como nos barcos mais simples, ou mais complexa, como o hidráulico ou o movido a ar, ou, ainda, por fontes de energia desconhecidas, em embarcações mais sofisticadas. A capacidade de mover o barco faz parte da sabedoria do executivo. O exercício do poder não é para amadores. Não se trata de exercício individual do timoneiro. Cada vez mais, mover o barco é um exercício de equipe que demanda uma ambiência facilitadora do exercício da inteligência coletiva. Como os ventos interferem cada vez mais no rumo e na estabilidade do barco, exercer o poder para governar a embarcação significa considerar também a lógica do ambiente.

A função de dirigir uma embarcação é mais simples quando os negócios e a economia estão de vento em popa, porém a competência do executivo é, de fato, desafiada nas crises, que por vezes ocorrem com tal força que parecem guerras. As crises não são somente econômicas, mas também de outras naturezas, como a sanitária, a antropológica, a afetiva, a institucional, que se mostram mais complexas, pois se navega em águas desconhecidas da maioria dos executivos. Não existe empresa que sobreviva a vácuos de liderança, nem sempre visíveis para os que desenvolveram quase que exclusivamente as competências objetivas. No entanto, dirigir, com ou sem crise, exige quase sempre desagradar pessoas, tirá-las da zona de conforto e mobilizá-las para novas atitudes. O Dirigente sabe aproveitar a correnteza, aumentando a velocidade do barco, mas também sabe alterar o fluxo natural quando necessário. Para isso, depende do exercício de suas competências objetivas, subjetivas e políticas.

2.1
CUIDANDO DO BARCO:
A COMPETÊNCIA DO GESTOR

Gestor no competência objetiva

Há diferenças óbvias entre ser o turista que faz um cruzeiro e ser o executivo responsável por esse serviço. Quando você faz um passeio, seu olhar está dirigido para a paisagem, para o lazer, para a sua satisfação. Se a viagem é bem-sucedida, pouco se repara na infraestrutura que possibilitou a sua realização, como o funcionamento da casa de máquinas, o abastecimento dos restaurantes, os serviços de entretenimento, a limpeza das cabines, das piscinas. O ideal é que todo esse trabalho nem sequer seja percebido pelo turista em viagem. Já quando a oferta do turismo em navios é o seu negócio, é fundamental que, como executivo, você conheça o funcionamento e a dinâmica dos serviços oferecidos. O que o turista não percebeu é, necessariamente, resultado do trabalho das muitas pessoas que operam a embarcação, além, é claro, da interação com os mares e ventos do ecossistema, cada vez mais intempestivos.

Estamos falando, aqui, dos processos que estruturam e viabilizam a realização das finalidades da empresa. Eles fazem parte dos seus aspectos racionais, ou *hard,* e as competências envolvidas são de caráter objetivo. Além dos processos, compõem esse lado *hard* da empresao seu *design* e a estratégia, que com toda a tecnologia vai ajudar a definir e a viabilizar (ou não) o modelo de negócio.

São esses elementos –processos, *design* e estratégia – que organizam, sempre com base no cliente, e não na hierarquia (atenção), a infraestrutura que faz o barco mover-se mais rapidamente ou mais devagar. São eles que definem o modelo de negócio, os preços *vis-à-vis,* a percepção de valor do cliente e tudo o mais que desenha o caminho para que a empresa seja bem-sucedida.

Há barcos de diferentes portes e tipos, mas qualquer que seja a empresa, tanto no mundo físico quanto digital, ela tem processos, nem sempre organizados formalmente, que estruturam a sua atividade, tornando-a minimamente previsível. Para viabilizar a estratégia de uma organização e fazê-la funcionar, são necessários Gestores competentes, uma governança adequada e uma cultura que sustente tudo isso.

O Gestor, da forma como o definimos, tem algum mandato estabelecido na hierarquia da empresa. Por mais fluida que essa hierarquia seja, ele é liderado por alguém e, em geral, tem pessoas sob sua coordenação. Um bom Gestor, esteja em que nível estiver, é responsável por viabilizar os processos, a estratégia e o *design* da empresa, sempre com foco no cliente, para que ela realize o seu propósito e gere resultados empresariais. É um erro achar que essa parte mais objetiva não modela a cultura. Pelo contrário, ela é forte indutora de comportamentos.

Além da posição que o cargo lhe confere, o Gestor precisa ter competência objetiva, também chamada de técnica, o que se traduz em domínio e conhecimento da sua atividade tanto do ponto de vista do negócio como da gestão, da área de *expertise* e do setor da empresa. Em sua esfera de atuação, o Gestor deve agir como empreendedor, criando ou recriando o modelo estratégico e organizacional dentro do qual as diversas competências da sua equipe se integram. Para bem exercer esse papel, ele não é um mero executor de uma estratégia definida, mas interage e contribui para a criação e sustentação das vantagens competitivas. Enfim, o Gestor é o responsável pelo lado *hard* da gestão e pelo fortalecimento contínuo não só da unidade que está sob seu comando, mas também das interações existentes, sejam internas, sejam com outras empresas e organizações. Sem o Gestor, a viagem de navio, de lancha ou de barco será um desastre.

No entanto, isso não é tudo... A competência objetiva do Gestor exige o domínio dos conhecimentos sobre como administrar. Para isso, ele precisa conhecer, além do manejo dos instrumentos, a empresa, o seu setor de atuação e as principais alavancas do seu negócio. Precisa conhecer o contexto em que atua e antecipar possíveis cenários que se desenham no futuro, base para a escolha das estratégias de negócio e para sua implementação. O processo de tomada de decisão exigirá a capacidade de articular esses conhecimentos, objetivos ou subjetivos, estes últimos invisíveis para a maioria. Cada embarcação tem uma estrutura básica. Conhecê-la e saber como operá-la é fundamental.

A competência objetiva é uma das qualidades de Frederico Trajano, desenvolvida muito antes de assumir a sua atual posição de CEO do Magazine Luiza; é o quarto a ocupar o cargo nessa empresa familiar criada em 1957. No início de sua vida profissional, *Fred*, como é chamado, era analista de ações de um banco de investimentos, o Deutsche Bank. Conhecia bem a anatomia do resultado de uma empresa de varejo, e foi essa qualidade que usou quando foi para o Magazine Luiza, em 2000, assumindo o desafio de implantar as operações de comércio eletrônico.

A competência objetiva, desenvolvida em seu trabalho anterior e em sua formação acadêmica, permitiu-lhe compreender melhor as estratégias utilizadas para a implementação do *e-commerce* nas empresas que foram objeto de sua análise. Em geral, elas criavam o canal de vendas eletrônicas separadamente do canal de vendas físicas, e essa divisão projetava um negócio de margem baixa. Ele percebeu que, se esses negócios crescessem juntos, compartilhando a infraestrutura da empresa como um todo, as receitas seriam complementares e se sustentariam à medida que se ganhasse escala.

Sua capacidade de integrar estratégia com processos operacionais e *design* organizacional foi decisiva para preparar o Magazine Luiza para a sua ascensão exponencial. Embora hoje pareça algo óbvio, a visão de *Fred* de transformar uma empresa tradicional de varejo com área digital em uma plataforma digital com pontos físicos e calor humano foi inovadora à época. Valorizou a multicanalidade, integrando as lojas e o *e-commerce* de modo a usar o ponto de venda como centro de distribuição de produtos vendidos pela internet. Essa estratégia está na base do fato de hoje não haver diferença entre vendas *on-line* e vendas *off-line* no Magazine Luiza.

Fred não realizou tamanha façanha apenas com a competência de Gestor, nem fez isso sozinho. Valeu-se também de outras qualidades e competências, como as de Luiza Helena Trajano, sua mãe (muito diferentes das dele), e as da equipe, considerando ainda a cultura organizacional e o firme propósito da empresa. *Fred* também foi desenvolvendo, ao longo do tempo, sua competência de Líder, testada e consolidada nos momentos de crise aguda do ambiente ou da própria empresa – o que é natural na vida de todo executivo e de qualquer empresa, por mais sólida que seja. A competência de Líder é um dos eixos da ação dos Dirigentes. Vamos tratar desse conceito na próxima seção.

Calibrar o estratégico e o operacional é para poucos!

A competência objetiva de um Gestor pode e deve equilibrar seu papel operacional e seu papel estratégico. Enquanto a dimensão operacional diz respeito a ações de curto prazo, a estratégica abrange o desempenho empresarial no médio e no longo prazo, com desdobramentos claros no curto prazo. Um Gestor preso ao seu papel operacional está cotidianamente resolvendo problemas, "apagando incêndios" e "descascando abacaxis". Já o Gestor focado apenas em seu papel estratégico corre o risco de desconsiderar a importância do cumprimento de resultados de curto prazo e, assim, comprometer o futuro. Para fazê-lo de forma mais integrada precisará recorrer às competências de Líder.

Atuar de forma estratégica na reformulação de um *design* organizacional não é apenas influenciar o processo, a governança e a estrutura de trabalho. Tais mudanças têm influência nos mecanismos de coordenação entre tarefas, que, por sua vez, afetam a organização, a cultura e o comportamento das pessoas.

> Essa compreensão foi fundamental para que *Fred Trajano* pudesse liderar a estratégia do super *app* do Magazine Luiza. O impacto desse aplicativo no faturamento da empresa, impulsionado com aquisições como a da Zattini, a da NetShoes e tantas outras, é muito importante. As aquisições, ainda que menores, também fazem diferença na robustez estratégica da empresa e não se pode subestimar o esforço que a fase de integração demanda. Um dos grandes desafios é equilibrar a energia e o foco na construção do longo prazo e na operação do dia a dia.

A competência objetiva de um Gestor depende dos conhecimentos e da capacidade de aplicá-los nas diversas situações do dia a dia. Se ele tiver bom desempenho, será capaz de analisar diferentes dimensões de um mesmo fenômeno, relacioná-las, integrá-las. Se for brilhante, será capaz de reunir distintas facetas de uma mesma realidade em uma síntese original, criada com a sua marca pessoal. As inovações criadas pelo Gestor podem advir do simples rearranjo das partes, bem como da síntese realizada a partir da diversidade de seus conhecimentos, das suas experiências e da sua intuição, que não deve ser minimizada, pois está sempre presente na esfera empresarial.

Um Gestor trabalha mais o lado esquerdo do cérebro, responsável pela lógica, pelo julgamento, pela percepção do tempo e pela linguagem. É esse hemisfério que lhe permite ver o mundo de forma crítica, racional e analítica. Sua capacidade de integrar a teoria e a prática permitirá a criação de soluções inovadoras para os problemas organizacionais. A atual educação de executivos está fortemente baseada nesse tipo de formação. Seja nas faculdades, seja nas *business schools*, seja nas empresas, o foco da aprendizagem é fundamentalmente racional, técnico, lógico. A razão dessa preponderância é natural: uma empresa não se sustenta sem eficiência operacional, e essa eficiência requer racionalidade. É mais fácil ensinar algo objetivo, racional, do que algo subjetivo. O foco no resultado financeiro tende a valorizar o papel da competência técnica do Gestor. Fique muito atento a isso, caro leitor! É um engano pensar que o resultado será excepcional e sustentável apenas com a racionalidade. Em momentos de crise, como a provocada pela covid-19, a competência que depende da razão pode ser prejudicada pela exaustão emocional. A ruptura das rotinas e a imposição do *home office* mudaram a lógica da eficiência de muitos Gestores que eram competentes em tempos de mares mais calmos e que, mesmo com ventos fortes, tinham correntes conhecidas. Até mesmo quando o conhecimento evolui muito rapidamente, os Gestores precisam reinventar seus aprendizados diante da obsolescência do saber adquirido.

Resumindo, para governar um navio são necessárias competências operacionais diferentes das requeridas para governar um barco a vela ou um iate. São necessários Gestores, os responsáveis por fazer a embarcação funcionar, tanto durante a navegação quanto nos momentos em que atraca ao cais. No entanto, para garantir a qualidade da viagem com a máxima eficiência ou para enfrentar os mares que subitamente se transformam em mares revoltos, em tsunâmis, a empresa precisa contar com competências subjetivas, emocionais, próprias do que chamamos de Líder, tema que será explorado a seguir.

2.2
MUDANDO E ACELERANDO O FLUXO NATURAL: A COMPETÊNCIA DO LÍDER

Líder

A direção está correta?

Yes ⇒ O líder acelera o fluxo natural

No ⇒ O líder muda o fluxo natural

+

reduz a ansiedade (em fases de crise)

ou

desafia e aumenta a tensão (em fase de acomodação)

Fernando Pessoa, no *Livro do Desassossego*,[III] afirma que a viagem são os viajantes. Sua abordagem enfatiza as pessoas que misturam ao seu lado tangível todo o intangível de sua subjetividade. Existe o lado *soft* da gestão, composto pelas pessoas e suas relações interpessoais, com suas obviedades, subjetividades e sutilezas, por uma liderança e por uma cultura capaz de direcionar o comportamento das pessoas. A gestão *soft* gera a energia mobilizadora, sem a qual não há espaço para resultados extraordinários e admiráveis. Só com ela, porém, eles não se sustentam. Essa competência contribui, de forma expressiva, para administrar os desafios típicos de crises complexas, radicais e múltiplas. E se complementa com o lado *hard* da gestão, sobre o qual já falamos.

É tudo isso, junto e misturado, que habilita ou não a organização, sempre com o foco no cliente, para a realização das suas estratégias e a consecução dos resultados extraordinários e admiráveis. A qualidade da viagem depende também do clima, dos viajantes, dos valores, dos símbolos, dos rituais, dos acordos que estabelecem entre si e da prática do que é acordado, fonte primordial de confiança entre os membros da tripulação.

A criação de uma atmosfera de viagem que reflita, de fato, os valores escolhidos pela empresa para guiar a sua jornada exige a atuação de Líderes. O governo da embarcação depende não apenas da ambição, isto é, de onde se quer chegar no futuro. Depende também do propósito da organização, ou seja, da sua razão de existir, da causa que dá sentido à empresa e às pessoas.

Você é policy taker?
policy maker?
policy breaker?

Quando o barco – ou navio, está na direção certa, cabe ao executivo *policy taker* manter o rumo. Ele é craque na manutenção da direção em que o navio vai, exerce esse trabalho com eficiência e rapidez. Se for um Líder, reconhece que não precisa mudar de rota, logo, acelera o fluxo e altera a velocidade. No entanto, se o que a empresa precisa é mudar de estratégia ou de cultura, por exemplo, ela deve buscar o *policy maker*, aquele apto à descoberta de novas rotas, preparado para criar novas regras e novos caminhos. Há ainda um terceiro tipo, o *policy breaker*, hábil em quebrar, de forma republicana, correta e crível, as regras vigentes e em reconstruir. Este último grupo tem os requisitos necessários a muitas empresas nos dias de hoje: princípios claros, valores republicanos, que levam à busca do bem comum, competência para desconstruir o que não funciona e reconstruir a trajetória profissional – e a empresa –, contribuindo de modo consistente para a construção do país. O *policy breaker* precisa reconhecer com arte a essência da empresa e, a partir daí, escolher as mudanças substantivas que é preciso fazer. E não é sozinho que ele conseguirá chegar ao seu objetivo maior: veremos a importância da Equipe no terceiro capítulo.

Para embarcar as pessoas na aceleração típica dos *policy takers* ou na mudança do fluxo natural das coisas, com os *policy makers* ou os *policy breakers*, é preciso também ser Líder, aquele que opera com a energia que mobiliza a organização. O Líder inspira seus seguidores, que conseguem ver nele a sua própria aspiração. Liderar é um exercício que se faz com a genuína permissão do outro; gerenciar, não. O liderado tem de permitir que o Líder o lidere. Não se faz liderança por imposição. A atuação do Líder depende da existência desse sentido compartilhado, que traz significado para o trabalho em comum.

Assim, o foco da atuação do Líder, sempre centrada no cliente, está nas dimensões ditas *soft* – pessoas, liderança e cultura –, amalgamadas pelo propósito, que faz a interação entre o *soft* e o *hard*. O Líder conquista poder pela legitimação vinda dos liderados, e não devido ao cargo ou à posição hierárquica.

É capaz de comunicar-se não só com o intelecto, mas também com a alma e o coração das pessoas. Ele é o porta-voz de um propósito que toca a alma dos seus liderados. O Líder é aquele que coordena o esforço coletivo em prol de um ideal que não é só dele. A essência da liderança é a capacidade de construir e sustentar esse relacionamento, que é interativo e envolve troca, influência e persuasão. Trata-se de um lado emocional da gestão. Enquanto o Gestor tem competência objetiva, sabe como fazer determinado processo e conhece as particularidades da embarcação, o Líder sabe como mobilizar as pessoas para que o façam, sabe tornar a viagem inspiradora e desperta o desejo nas pessoas de fazer a viagem, de navegar para chegar àquele destino, mesmo sabendo que ao aproximar-se dele o destino muda, muda sempre. O ponto de chegada é sempre móvel. Sua capacidade de mobilizar a energia dos seus interlocutores contribui para mover o barco, promover a mudança, a transformação, e passar pelas dores naturais desse processo, mas sem sofrimento.

Há colaboradores que precisam ser desafiados e com isso se sentem, por vezes, incomodados, desconfortáveis com o desconhecido. Isso pode exigir que o Líder faça intervenções para trazer a alma das pessoas para o clima da viagem ou para trazer serenidade nos momentos de tempestade. Em alguns momentos, pode ser necessário mudar processos para tornar a viagem mais racional ou até mesmo desligar pessoas que, por exemplo, não compartilham o propósito, não têm *fit* com a cultura da empresa ou simplesmente chegaram ao final do seu ciclo. Nem sempre a embarcação, o destino dela e mesmo sua velocidade são aquelas em que o indivíduo quer estar. Há tripulantes que sentem enjoo no meio da viagem, pois não estão preparados para a velocidade e o forte balanço das tormentas. Outros decidem mudar o seu destino ou não concordam com a mudança de rota, que por vezes é necessária. Tudo isso faz parte da viagem. Ao Líder cabe identificar essas pessoas, apoiá-las para que fortaleçam as suas competências e, no limite, ajudá-las a compreender que precisam desembarcar. O Líder tem coragem de mudar o fluxo natural das coisas quando a direção tomada não está correta. E se a direção está correta, ele acelera. Um dos exemplos de mudança de fluxo é o desembarque em razão da necessidade de racionalizar. É o lado duro da viagem. Nesse caso, o Líder não fugirá de suas responsabilidades e saberá fazê-lo com empatia, sem evitar as conversas difíceis e necessárias.

O Líder não lidera todos da mesma forma. Isso está relacionado ao papel situacional da liderança, cujos pilares são as competências objetiva, subjetiva e política. A primeira está relacionada com o conhecimento, a experiência e a habilidade do tripulante. Envolve, enfim, a prontidão para a tarefa, a parte *hard*, típica do Gestor. A competência subjetiva se reflete no "como", tem relação com a motivação, o compromisso, a autoconfiança, os comportamentos que sustentam a cultura da organização – ou seja, associa-se como empenho do Líder no exercício de suas funções mais *soft*, bastante necessárias a ele, como já falamos aqui. O Líder, ao saber avaliar o nível de desenvolvimento de seus liderados considerando essas duas variáveis, a competência objetiva e a subjetiva, atua de modo diferente, de acordo com a necessidade de cada liderado. Na articulação dessas duas competências deve-se utilizar a competência política. A figura 1, a seguir, apresenta os diferentes perfis, de acordo com a qualidade dessas competências. É preciso considerar que os quadrantes são uma forma didática de facilitar o raciocínio, pois a realidade é bem mais complexa.

O Líder age ≠ com ≠s liderados que têm necessidades ≠s

COMPETÊNCIA SUBJETIVA

2 Ensinar
Treinar em competências objetivas

4
Desafiar
Delegar

COMPETÊNCIA

POLÍTICA

1 Enquadrar
Ensinar
E às vezes desembarcar

3
Dar *feedback* constante
Ser *coach*

COMPETÊNCIA OBJETIVA

Figura 1: O que faz o Líder com os diferentes perfis de seus liderados
Fonte: Tanure, 2021.
Inspirada em Ken Blanchard, 2007.[IV]

Os liderados que estão no quadrante dois de desenvolvimento têm baixa competência objetiva, baixa competência política e alta competência subjetiva: trata-se dos empolgados, supermotivados, com atitudes positivas e consistentes com os valores da empresa. Costumam ser curiosos, entusiasmados e ansiosos por aprender. Por outro lado, não têm clareza quanto à direção a tomar, pois lhes falta o saber, a competência objetiva. Com liderados assim, cabe ao Líder supervisionar de perto o plano de trabalho e ensinar. Sua função é dirigir com dois objetivos claros: evitar desastres por parte de quem não sabe manejar o timão e ensinar o liderado para que ganhe autonomia o mais rapidamente possível.

Os liderados que estão no quadrante três de desenvolvimento têm alta competência objetiva, mas nem tanto a subjetiva e a política. Eles conhecem a tarefa, têm competência objetiva para realizá-la, mas tropeçam no "como" implementá-la. Com liderados assim, o estilo de liderança deve ser diferente. O Líder precisa dar *feedbacks* claros, apoiar e, se necessário, ensinar. Não basta incentivar o liderado a fazer, é preciso modelá-lo na tarefa e no comportamento, ser seu *coach*. É preciso identificar a causa da baixa competência subjetiva: causas diferentes demandam ações diferentes do Líder.

O liderado que está no quadrante quatro de desenvolvimento tem média alta, ou alta competência, nas três categorias, a objetiva, a subjetiva e a política. É aquela pessoa que, por atingir esse nível, tem capacidade de assumir funções de maior complexidade com maior autonomia. O Líder sabe que o liderado é capaz, o elogia, apoia e desafia. Trata-se de um elemento-chave na equipe. Ele é capaz de antecipar problemas e soluções, inspirar outras pessoas e gerir com tranquilidade o seu próprio território. Com liderados assim, a função do Líder é outra. Cabe a ele desafiar o liderado e deixar que assuma responsabilidades, conferindo-lhe autonomia e poder para tomar decisões. A sensibilidade e a articulação política completam o conjunto. A função do Líder, nesse caso, é delegar e acompanhar.

Vamos agora ao quadrante um, aquele que não tem nenhum dos conjuntos de competências. Esse indivíduo pode, por exemplo, estar na função errada na empresa errada. Ao Líder cabe identificar a causa principal. Deve ensiná-lo e dar *feedbacks* para que altere o seu fluxo de desenvolvimento e, com isso, mude de quadrante. Caso isso não ocorra, seu destino será o desembarque. Vale lembrar, porém, que o papel do Líder é também mudar ou acelerar o fluxo natural do nível de desenvolvimento dos seus liderados.

> *O Líder é sempre líder de si mesmo*

Tal flexibilidade de estilo da liderança depende da capacidade do Líder de conhecer as pessoas com quem trabalha, o que pressupõe conhecer a si mesmo, uma das bússolas que vamos abordar mais adiante.

O Líder trabalha melhor o lado direito do cérebro, responsável por nossa capacidade de nos conectar com os sentimentos e com as pessoas. Ao contrário do hemisfério esquerdo, que permite a análise, o direito busca ligar as partes. Por isso, é aberto, solidário e desenvolve a possibilidade de buscar o ideal e projetar sonhos com a participação de outras pessoas. A formação de Líderes é uma das principais lacunas da educação e do desenvolvimento de executivos.

Tensão na medida certa!

Isso nos leva para um importante papel do Líder em fases de crise prolongada: reduzir a ansiedade que, não raramente, fica disfuncional nessas fases. A ansiedade e a tensão têm um nível ótimo que se transforma em performance. O que acontece, porém, quando a tensão é muito baixa, é a queda da performance, como mostrado no gráfico a seguir. Quando o estresse é muito forte e especialmente crônico, a produtividade também é reduzida. Em momentos de crise, normalmente o estresse aumenta e se torna crônico quando essas situações se prolongam, não raramente levando a uma sensação de exaustão. O que fazer, então, para reduzir a ansiedade?

Admita a existência da ansiedade, admita a existência do medo. É hora de acolher e compreender que, neste momento, as estratégias de motivação clássicas parecem ser, além de ineficazes, ridículas aos olhos dos liderados. É hora de reconhecer a gravidade da crise e desenvolver a plasticidade emocional – que definimos como flexibilidade para lidar com os desafios sem desmoronar ou sem deixar que o nível de irritação transborde. Alguns insistem em chamar esse comportamento de resiliência. Resistimos a esse termo, pois ser resiliente inclui "aguentar o tranco", o que é muito positivo, e voltar para o mesmo lugar, o que é terrível: significa que não se aprendeu nada com a experiência vivida (Figura 2).

E o que fazer quando se está na ponta esquerda da curva? É preciso desafiar, mostrar os dados objetivos da performance e envolver o indivíduo para que ele recupere suas energias, de forma que sua tensão passe a ser construtiva.

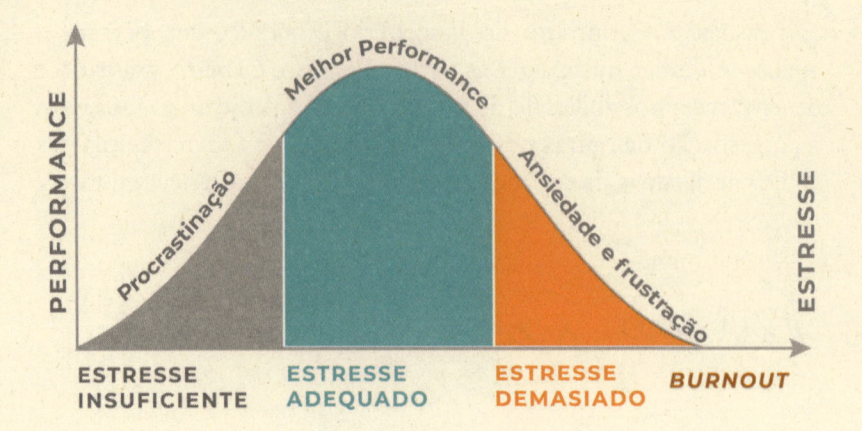

Figura 2: Curva da tensão
Fonte: Tanure, 2021.
Adaptada de Betania Tanure Associados (BTA); Tanure, 2007.[4][v]

A competência pessoal não pode ser tratada de forma isolada. Ela se dá no outro, com o outro e em contexto no qual os sujeitos e a organização estão inseridos. Não é efetivo desenvolver lideranças sem envolver nem implicar indivíduos e equipes. A liderança não é uma competência isolada que se pode transportar para outros ambientes sem a devida mediação com a situação com que se depara. Ela é situacional em sentido amplo

Um dos momentos mais tensos dos últimos anos foi o início da pandemia da covid-19, quando, ainda sem conhecimento consistente sobre os acontecimentos, fizeram-se mudanças radicais. Foi necessário um grande equilíbrio pessoal para buscar colocar a tensão na parte azul, como indicado na Figura 2 (Curva da tensão). Medo do desconhecido, medo da doença, perdas, enfim, uma situação limite para a grande maioria das pessoas, se não para todas.

---

[4] Para mais informações, consultar: BARROS, Betania Tanure **Executivos: sucesso e infelicidade**. Elsevier Brasil, 2007.

> Imagine o que significa fazer mudanças radicais quando se tem quase 40 mil pessoas distribuídas por todo o Brasil! Foi esse o desafio que Carlos Vanzo enfrentou como Diretor Executivo da rede de agências do Itaú. No segundo trimestre de 2020 ele e seu time de Diretores criaram as condições necessárias para que milhares de trabalhadores do Itaú passassem a operar de suas casas. Lideraram essa virada, com o apoio das áreas envolvidas, mesclando o trabalho presencial nas agendas, quando possível, com o virtual: isso é ainda mais desafiador. Vale ressaltar a serenidade e a capacidade de trabalho de Vanzo, o que foi determinante devido à forma como todo esse movimento foi feito. Isso fez aumentar o orgulho dos funcionários em trabalhar no Itaú. Temos o orgulho de apoiar Vanzo e times desde 2014, quando ainda estava no segmento do Atacado, com outros desafios.

Para ser capaz de ter rédeas sobre suas predisposições internas e suas tendências emocionais, o Líder se vale de bússolas. A bússola do autoconhecimento representa o que a pessoa é capaz de fazer de si mesma. Como instrumento de navegação, essa bússola permite ao Líder saber a sua real localização, o que lhe dá condições de orientar-se. Mas ela não aponta o caminho a ser seguido. A bússola só é um recurso para quem sabe para onde quer ir. Se o Líder sabe o que quer, de quem, quando, onde, como e por que, pode valer-se desse instrumento para não se perder no caminho, manter-se no rumo certo. Ao apontar para o norte magnético da Terra e informar a direção dos pontos cardeais, a bússola ajuda o timoneiro a determinar a correta direção a tomar para alcançar o seu destino.

2.2.1
A BÚSSOLA DO AUTOCONHECIMENTO

Espelho, espelho meu: quem sou eu?

"Vencer a si mesmo é a maior das vitórias." A frase de Platão pressupõe que é vencedor aquele que tem domínio sobre si mesmo. Quem não conhece o fluxo das suas emoções não é capaz de controlá-las. Agirá, portanto, de forma impulsiva, vítima de si mesmo. Como seres humanos, temos instintos e impulsos, mas a consciência que podemos ter deles nos permite controlá-los e atuar de forma diferente do que seria nossa natureza. Enquanto o animal se deixa levar pelo fluxo da sua correnteza natural, o ser humano pode disciplinar, por meio da educação, os rios das suas emoções. Para isso, ele precisa se conhecer e ter absoluta consciência de que, dentro de si, os seus rios não se misturam nem com os rios dos outros nem com o mar dos seus problemas. No organismo de uma pessoa, todas as águas que lá circulam pertencem a essa pessoa. É preciso reconhecer as suas reações impulsivas e saber freá-las. O corpo fala, e não raramente os seus sinais de desconforto são ignorados. É preciso ouvi-lo e interpretá-lo.

Identifique as fronteiras do seu mundo...

A competência pessoal de um Líder depende da sua capacidade de não se misturar com os problemas e emoções que lhe são apresentados. Essa capacidade de separar-se psiquicamente do outro, de não esperar que o outro seja como você, é um prerrequisito para o bom desempenho do Líder. Ele precisa saber que as pororocas que eventualmente venha a viver são fenômenos internos, só seus. Não têm nada a ver com o outro.

As pororocas são um fenômeno natural que resulta do encontro das águas do rio com as do oceano. O termo, derivado do tupi, significa estrondo. O processo decorre da elevação do nível das águas do oceano que invadem a foz do rio, como acontece no estado do Pará, no rio Amazonas. O confronto das águas promove o surgimento de grandes ondas que podem destruir as margens, devastando árvores, matando animais e arrasando casas ribeirinhas. O Líder é capaz de emocionalmente "segurar a onda". Ele reconhece a correnteza, avalia sua força, antecipa seu poder de ação e destruição e se vale de seus recursos pessoais para dosar a manifestação externa do rebuliço de suas águas.

O Líder sabe separar a pororoca que sente dentro de si da sua atuação com o outro, da sua atuação no ambiente. Tal maturidade é resultado do seu autoconhecimento, do conhecimento da sua personalidade. Por meio dele, a pessoa percebe cada um dos seus rios emocionais, sabe a força das suas correntezas, as épocas mais propícias para enchentes e secas. Sabe quais são, um a um, os seus afluentes e como eles podem ajudar ou prejudicar a força das correntezas impulsivas. Para ser capaz de mobilizar a energia das pessoas, o Líder deve ser conhecedor da geografia do seu mundo interior, condição fundamental para manter o barco no rumo certo.

É importante, também, conhecer as fronteiras do seu mundo a fim de negociar, estabelecer e respeitar os limites com vizinhos próximos e distantes. Partes do seu mundo interior são mais visitadas e requisitadas, outras são esquecidas ou ainda guardadas a sete chaves. Algumas dimensões do seu mundo o gratificam e representam o lado sol da personalidade. Outras são as sombras, aquelas regiões que, em geral, ficam às escuras ou escondidas, mas que denunciam a sua presença por meio do comportamento, na maior parte das vezes indesejável.

É preciso suportar a dor de ver no espelho o que não é conhecido e, então, a dor da mudança para que o crescimento se estabeleça. Quando a pessoa descongela um comportamento, quando amplia a sua consciência de que muitas das coisas que faz há muito tempo não caberão no futuro, a instalação de um novo comportamento não se dá de imediato. Primeiro se passa por um período de indefinição, uma espécie de limbo. E é justamente aí que os mais frágeis negam a necessidade de mudar e retornam ao estado de coisas anterior.

2.2.1.1
A BÚSSOLA DO TEMPERAMENTO: AS CORRENTEZAS

O conhecimento de si mesmo começa pela aceitação do próprio diagnóstico de personalidade. Analise, sob o benefício das reflexões desde Hipócrates, dois componentes de sua personalidade: o temperamento e o caráter. O comportamento das pessoas é a expressão da força natural do temperamento com a força construída, forjada, do caráter. O temperamento é a condição natural da pessoa que a predispõe a reagir de determinada forma aos estímulos. Sua natureza é orgânica, bioquímica. Comparamos o temperamento às correntezas. Elas podem ser mais fortes ou mais fracas, e suas águas podem ser mais claras ou mais turvas. Podem descer morros e ter o ímpeto de uma cachoeira ou correr serenas por planícies e pampas.

O temperamento é a predisposição emocional da pessoa para lidar com a realidade da vida. Há pessoas cujas correntezas não se alteram substantivamente diante das surpresas da realidade, como as provocadas por crises, ou mesmo, por exemplo, por uma pandemia. Sua emoção continua a correr dentro das margens do rio, sem inundações nem secas. Outras, porém, estão mais sujeitas a enchentes ou estiagens internas. Sua emoção sofre um abalo toda vez que a realidade não é como elas querem.

Aceitar a realidade não significa conformar-se

O mundo é o que é. É preciso aceitar a vida como ela é. Mesmo que não concordemos com a realidade e queiramos transformá-la, condição para exercer o nosso papel, as coisas são o que são. Aceitar a realidade não significa conformar-se passivamente com o estado atual das coisas. Pelo contrário, é condição fundamental para transformá-la. E para isso precisamos conhecer a geografia das nossas correntezas, nossa vegetação, nossas margens, o volume de chuvas, a temperatura, enfim, nosso temperamento, e construir um caráter que seja capaz de represar as forças de águas em excesso ou de irrigar os rios quando eles secam. Este é um trabalho que se faz deliberadamente, usando-se a força da racionalidade. É trabalho porque o processo não é natural, espontâneo; deve ser forjado pela inteligência e pela consciência de si. E é racional porque exige a ponderação das consequências de nossos atos, levando-se em consideração nossos valores e sentimentos, nossa filosofia de vida,[VI] enfim.

Indivíduos que vivem momentos de enchente ou de estiagem interna tendem a pensar que o mundo é uma extensão deles mesmos. Suas águas se misturam com as de outros rios ou mares, o que turva sua clareza. Por se misturarem com o outro, esses indivíduos tendem a exigir a solução para os seus problemas. A pessoa com esse perfil é, portanto, envolvida pela circunstância, tornando-se incapaz de se ver desenvolvida, isto é, de sentir-se separada de outras coisas e pessoas. A instabilidade de sua correnteza a impede de compreender que a desordem que vê no mundo é reflexo da sua própria desordem interior. Caso não se eduque, atua como vítima da realidade, seja acusando o mundo de conspirar contra ela, seja sentindo-se incapaz de buscar, no ambiente, aquilo de que necessita para realizar suas necessidades.

Foi o caso de Eduarda, executiva de uma grande empresa, à qual dedicou 40 anos de sua vida. Sua relação com a companhia era de amor e ódio. Quando chegou o tempo de se aposentar, Eduarda não conseguia tomar as providências para seu desligamento da empresa.

> Deixá-la era como cortar um pedaço de si mesma, tamanha a sua fusão com a empresa. Sem consciência de que sua dificuldade decorria de seu desejo de continuar ligada à organização para não sentir a própria solidão, criou uma série de dificuldades de forma a não perder o vínculo. Sempre adiava o desligamento. Depois de ela ser finalmente despedida, a empresa se tornou o seu assunto favorito em todas as rodas de conversa de que participava. Falava sempre de quanto se dedicou durante toda a sua vida e do seu ressentimento pela forma como a empresa lhe retribuiu, com a demissão. O curso do seu rio se misturou com o da empresa. Necessitava sentir-se ligada à organização; se não pelo amor, que fosse pela mágoa.

A dificuldade emocional em estabelecer uma relação objetiva com o outro é mais frequente do que se imagina. A tendência dessas pessoas é sempre achar que o outro "tem que" mudar o seu jeito de ser, "tem que" ser de determinada forma. Ora, o outro é livre para ser quem é, independentemente do que cada um gostaria que ele fosse. A não aceitação da realidade leva o indivíduo a distorcê-la, com prejuízo ao seu equilíbrio interno e ao sucesso de suas condutas.

São duas as predisposições das pessoas cujo temperamento as fragiliza emocionalmente diante da realidade da vida: o fechamento das comportas das próprias correntezas e a abertura dessas comportas. Elas podem alternar-se com maior ou menor força. Vamos tratar de cada uma delas nas partes seguintes.

• O fechamento das comportas

Em momentos de crise, de mares revoltos, ventos de tempestade e tempos instáveis, há líderes que submergem. Eles se abatem. Muitas vezes, são cobrados a assumir um protagonismo, mas não conseguem impor-se à realidade adversa. Fecham as comportas de suas correntezas internas, como forma, legítima, de se proteger do que lhes parece uma ameaça à sua integridade psíquica. Se não conhecem a si mesmos, esse será o fluxo natural imposto por seu temperamento.

O perigo de fugir das águas e parar de navegar: o fechamento das comportas

O fechamento afetivo do indivíduo é uma estratégia inata de um tipo de estrutura de personalidade para impedir a circulação das águas, como se a pessoa estivesse a buscar um porto seguro para ancorar-se e fugir dos riscos da navegação, principalmente quando os rios se tornam bravos e turbulentos. Trata-se de uma tendência que predispõe o indivíduo a uma conduta de recolhimento, uma estratégia natural contra o seu desconforto emocional. Enfrentar um mar revolto ou um rio tortuoso soa tão ameaçador que o melhor mesmo é fechar as comportas, atracar ao cais e recolher-se. Ao fazê-lo, sua tendência é achar que o mundo impõe dificuldades muito maiores do que sua capacidade de lidar com elas. Você se sente inferior aos outros, e proteger-se do mundo parece ser a melhor saída. Pessoas assim tendem a ter um comportamento mais fechado, introvertido.

"X", Presidente de uma das grandes empresas brasileiras tinha muita dificuldade de conversar, com clareza, com seus liderados sobre os problemas de desempenho deles. Por vezes comunicava-se por *e-mail*, e

> quando a conversa era presencial, os liderados não atingiam um nível satisfatório de compreensão sobre a avaliação que a Presidente fazia deles. "X", no entanto, acreditava ter sido clara. Deixava-se levar pelo fluxo de suas correntezas.
>
> Após um processo de desenvolvimento pessoal, que lhe permitiu conhecer o seu temperamento, reeducar o seu caráter e tomar consciência dos prejuízos da sua conduta para si e para a empresa, "X" aprendeu a lidar com suas predisposições e a não se deixar levar pelo fluxo natural das coisas. Passou a exercitar o diálogo para fornecer os *feedbacks* que sua função exigia. Não se permitiu fechar as comportas sem o crivo racional de sua reflexão inteligente. Ela reconhecia a necessidade de fazer algum esforço, mas a constatação de que a vida é trabalho lhe dava a tranquilidade de saber que esse era o melhor caminho.
>
> O autoconhecimento e o exercício de enxergar as águas dos seus próprios rios possibilitaram a "X" desenvolver sua liderança e sua capacidade de relacionamento. Ela tomou o leme da própria vida. Perguntamos a ela se se sentiria à vontade em ter seu nome revelado aqui. Ela preferiu que não a citássemos, por isso a chamamos de "X".

A pessoa com predisposição a fechar-se tende a lamentar o fato de a realidade ser como é. Diante de sua incapacidade de resolver os problemas, passa a queixar-se da vida e de si mesma. Tempestades e inundações no ambiente ameaçam o equilíbrio de suas correntezas internas. Melhor navegar apenas quando as águas estiverem calmas e não oferecerem riscos. Essa atitude, porém, não é adequada no mundo empresarial. Aliás, não é adequada na vida. O mercado, assim como a vida, não espera que a turbulência interior do executivo se acalme. O mercado tem o seu próprio ritmo – e cobra severamente quando decisões ficam paralisadas pela dificuldade das pessoas de administrar suas próprias correntezas internas.

Além da dificuldade de aceitar a realidade como ela é, a pessoa de temperamento fechado tende a se culpar. Imagina que, se não tivesse feito o que fez ou se tivesse feito o que não fez, a realidade poderia ser diferente. Essa é a essência da culpa. O "se" invade seus pensamentos, distorcidos pela incerteza, pelo inconformismo. Conjuga os verbos no modo subjuntivo, como se possível fosse voltar ao passado e corrigir magicamente a sua própria atuação.

> Letícia, diretora de marketing de uma grande empresa de São Paulo, relatou seu sofrimento com um casamento malsucedido. Divorciada e mãe de uma criança de cinco anos, sentia-se culpada pelo que chamava de "fracasso no lar". Atribuía ao seu trabalho a falta de tempo para cuidar da casa e da família e não se perdoava por isso. Toda vez que o então marido queria conversar, ela se esquivava porque não aguentava o peso emocional do diálogo. Até que um dia ele pediu o divórcio. Letícia se torturava imaginando o que poderia ter feito para evitar a separação.

Casos como o de Letícia têm relação com o que chamamos, em outra oportunidade, de ser "prisioneiro do sucesso". Trata-se daquele executivo que faz um grande investimento na carreira, mas não investe em seu processo de autoconhecimento, em sua vida social e familiar. Quando as dificuldades de diálogo e de lidar com as questões afetivas associadas às relações pessoais ocorrem em um contexto de sucesso profissional, esse executivo se envolve ainda mais com o trabalho e aumenta a sua distância em outros relacionamentos. As demandas profissionais crescentes vão justificando o seu afastamento afetivo de cônjuge, filhos, pais e amigos. O retorno profissional acontece mais rapidamente do que o pessoal, e sem perceber, o executivo se torna prisioneiro do seu próprio sucesso. Sua carreira se mostra brilhante, o sujeito inibe os outros papéis e não dá espaço para pequenas alegrias, como a apresentação de balé ou o jogo de futebol de seus filhos. Mas o atingimento de resultados profissionais, aliado à reputação de *workaholic*, o ajuda a usufruir também dos prazeres da dedicação e da realização profissionais.

A falta de conhecimento de si mesmo, o temperamento fechado e a dificuldade de mudar sozinho o fluxo natural da própria vida são fatores que podem contribuir grandemente para que se chegue à posição de prisioneiro do sucesso. No entanto, esse fenômeno de investimento descalibrado entre carreira profissional e outras dimensões da vida não é típico apenas desse tipo de personalidade. O trabalho excessivo encobre outras dificuldades emocionais e serve de justificativa para uma dimensão da vida que não se consegue administrar. O fato de só conseguir ancorar o seu barco no porto de sua vida profissional, uma vez que esse é seu único porto seguro, aumenta a dificuldade do indivíduo de lidar com processos de mudança organizacional, pois eles ameaçam a sua única fonte de prazer.

A pandemia da Covid-19 tem mostrado um importante efeito de aprofundamento da crise afetiva. Alguns fecham ainda mais suas comportas ou inundam outros rios, como mostramos a seguir, enquanto outros acordam aos solavancos com o desejo de mudar radicalmente. Têm dificuldade de equilibrar as demandas pessoais com as profissionais.

• Inundando outros rios

Além do temperamento de quem tende a fechar as suas comportas, existe outro tipo, o que inunda outros rios. Essas pessoas abrem as suas comportas e lançam as próprias águas no curso de rios que não lhes pertencem. Elas se lançam no ambiente, buscam resolver seus problemas, mas a força de suas águas atropela tudo que está pela frente. O rio do outro tem de ter a água do seu rio. Como a pessoa projeta a sua interpretação da realidade, sua conduta tende a ser inadequada, pois distorce a compreensão objetiva dos fatos. Trata-se do marinheiro destemido, cheio de si, de elevada autoestima, que não teme a força das águas, mesmo em dias de tempestade, correndo riscos desnecessários. Desnecessários porque se deve gerenciá-los, saber recuar quando preciso, fazer na hora certa os movimentos e contramovimentos.

> *Parece coragem, mas não é!*

Em momentos de crise, as pessoas com esse tipo de temperamento tendem a se impor à realidade, dando inicialmente a impressão de que são corajosas e capazes de mudar o fluxo natural das coisas. E até podem ser, de fato, caso consigam se desenvolver para além do impulso. No momento seguinte, constata-se que sua aparente coragem não passa de ousadia de quem é incapaz de conter sua correnteza nas próprias margens.

Pessoas com esse tipo de temperamento são mais atrevidas e tentam impor à realidade a sua concepção de mundo, sem se dar conta dos impactos de sua atuação. O ímpeto atrevido pode gerar resultados positivos para a empresa, inovações importantes e a realização de sonhos. Muitas empresas buscam profissionais com essa personalidade. No entanto, ainda que esse perfil seja, muitas vezes, festejado pelas organizações, as atuações não são profícuas em longo prazo. A alienação da realidade sempre cobra o seu preço, mais cedo ou mais tarde.

> É o caso de Lúcia, executiva de uma empresa multinacional. Com dificuldade de conciliar as exigências do seu curso de mestrado na PUC com as demandas do seu trabalho, pedia a seus professores que compreendessem a sua situação e concedessem abono

> de faltas, permitindo a realização de provas e a entrega de trabalhos em datas posteriores às estipuladas. Embora ela tenha tido sucesso em algumas situações, alguns professores não toleraram sua reiterada atitude de pedir adiamento de prazos. Com as reprovações, atrasou a conclusão do curso, perdeu prazos e não conseguiu ter o título que tanto queria. Na visão dela, entretanto, o problema não era a sua dificuldade de se disponibilizar, e sim a falta de flexibilidade dos professores e da coordenação. Lúcia tentava impor aos rios da universidade o curso do seu próprio rio, sem noção dos limites existentes. Às vezes isso dá certo. Às vezes os outros impõem limites e protegem suas margens.

Ao inconformismo agressivo, segue-se a tendência do indivíduo de culpar os outros pelos seus problemas. Enquanto aquele que tende a fechar suas comportas se culpa, aquele que inunda outros rios tende a pensar que a realidade poderia ser diferente se o outro não tivesse feito o que fez ou tivesse feito o que não fez. E culpa o outro. Seus pensamentos, como no indivíduo com predisposição para fechar suas comportas, também são distorcidos. Suas racionalizações o levam a pensar que é possível alterar o passado e desfazer o que já ocorreu.

Pode parecer que estamos tratando o autoconhecimento de forma negativa, mas a vida humana é o trabalho constante de ser capaz de atuar diferentemente do que é natural a ela. É verdade que o exemplo que analisamos aqui é mais "puro" e a vida é mais complexa do que isso. Os tipos psíquicos desenvolvem mecanismos de proteção, de dissimulação que não são tão facilmente identificáveis. Em certos momentos o natural invade e determina a ação, em outros, o comportamento aprendido toma o espaço e prevalece. O ser humano nasce sem a racionalidade, a linguagem e a civilidade. Seu processo educativo impõe a ele, na infância, um caráter, inicialmente moldado por família, escola e sociedade. Na adolescência, ele critica a criação que recebeu e se esforça para construir o seu próprio estilo de vida, com seus próprios valores e concepções. A adolescência é a oportunidade de transformar aquele caráter moldado em um caráter próprio, o que vai dar identidade à pessoa. É o caráter, a outra dimensão da personalidade, que permite à pessoa não ter o comportamento a que está predisposta. A inibição dessas tendências de comportamento depende da consciência que a pessoa desenvolve a respeito do seu atlas interior, base para a formação da sua competência pessoal. Estar de posse da bússola do caráter é, também, fundamental. É o que veremos a seguir.

A seguir:

BÚSSOLAS PARA O SEU DESENVOLVIMENTO

- *Estar no mirante*
- *Reto pensar*
  - ✓ *o ser humano é só*
  - ✓ *a culpa é inútil*
  - ✓ *no free lunch*
  - ✓ *saiba o chapéu que está usando*
  - ✓ *a premissa de ser honesto*

2.2.1.2
A BÚSSOLA: "ESTAR NO MIRANTE"

O caráter é a capacidade da pessoa de disciplinar o seu comportamento, o que pode exigir o controle do seu temperamento. O processo educativo e toda a aprendizagem do indivíduo formam o seu caráter, que é responsável pelo trabalho de evitar enchentes e prevenir secas. Como todo trabalho, esse não é aquele que a pessoa fará naturalmente, pois exige esforço, mobilização de energia e a capacidade de "estar no mirante" observando a si mesma – essa é a condição para a pessoa se conduzir com liberdade. Para exercer a sua liderança, portanto, o Líder deve ser capaz de observar-se o tempo todo e ser testemunha de todas as suas ações. Ele sabe que o preço da sua liberdade é a eterna vigilância.

É fato que o caráter de uma pessoa depende do processo de educação ao qual ela foi submetida ao longo da vida, assim como do processo de reeducação que ela mesma empreende, com ou sem ajuda especializada.

> Candido Bracher é testemunha do quanto a educação e a reeducação foram importantes em sua trajetória profissional, inclusive para chegar ao topo de um banco com a expressão do Itaú-Unibanco. Quando criança, Candido apresentava dificuldade de organização escolar. Sua caligrafia não era boa e ele tinha dificuldade de escrever. Seus pais promoveram a sua educação atentos a essa dificuldade. O tratamento de psicomotricidade, aliado à sua inteligência e à sua criatividade, resolveu o problema. Capaz de "estar no mirante" e refletir sobre si mesmo, Candido desenvolveu com essa experiência uma forte autoconfiança. Descobriu que, diante de qualquer dificuldade, é possível parar, pensar e encontrar a melhor solução. Essa autoconfiança, gerada pela superação de problemas da infância, acompanha Candido Bracher até hoje e certamente é um dos alicerces da sua forma de lidar com as pessoas, com os seus liderados e com o seu entorno.

Há recursos poderosos para colocar-se no mirante e tomar o leme na condução do seu barco interior. Muitos executivos vêm descobrindo o poder do *coaching* para seu desenvolvimento. Outros, a importância de tomar consciência da própria respiração, ou mesmo de buscar a meditação como estratégia para apaziguar a mente, reduzir a ansiedade e colocar-se no prumo. Há muitas possibilidades de exercitar a atenção plena, de não se deixar levar pelo espontaneísmo de um piloto automático, de pensar antes de agir. Em alguns ambientes de trabalho, a fábrica da Natura em Cajamar é um exemplo: há locais cuja arquitetura ou decoração cria condições para que as pessoas busquem essas importantes pausas, esses momentos de contato interior.

A consciência de si, com o conhecimento do próprio temperamento e das tendências emocionais que influenciam seus comportamentos impulsivos permite ao Líder controlar as respostas automáticas e pensar em condutas inteligentes.

> Para Candido Bracher, com quem tivemos o privilégio de trabalhar na BTA, a competência de "estar no mirante" é necessária para um executivo chegar à cúpula das empresas. "Estou sempre me vendo como se tivesse olhos externos" – afirmou. E o desconforto é um sinal importante, segundo seu relato, pois revela que alguma coisa não vai bem em você. Por isso Candido exercita a reflexão sobre o que o incomoda, desconfiando de si mesmo até descobrir a origem do seu desconforto e atuar para solucioná-lo.

Ao ver a realidade de modo objetivo, o Líder deve aceitá-la. Esse é o primeiro passo, seja para transformá-la, seja para desviar-se dela, seja para conservá-la. Um projeto de mudança, tanto individual quanto empresarial, começa (mas não termina, vale lembrar) com um bom diagnóstico, que inclui o reconhecimento tanto do seu lado sol, aquele que ilumina, como do seu lado sombra, aquele que consome, gera energia negativa e precisa de luz. O lado sol deve ser mantido e fortalecido. O lado sombra exige intervenção ativa para ser iluminado. Algumas vezes, entretanto, é preciso reconhecer o limite do poder de transformação e desviar-se de *icebergs* para evitar o risco de naufrágio.

"Estar no mirante" é, portanto, condição fundamental para que a pessoa forme bem o seu caráter e desenvolva a competência pessoal necessária ao Líder. A capacidade de exercer poder sobre si, de influenciar a si mesmo, de conciliar os próprios interesses e motivações, muitas vezes contraditórios, permite que a tomada de decisões passe pelo crivo também da razão, depois de se ponderarem valores e sentimentos próprios. O Líder é capaz de se auto-orientar, de dar sentido a seus atos e integrá-los a uma filosofia de vida singular.

Para governar o barco da empresa com competência pessoal é preciso, portanto, ser capaz de ter controle sobre o barco do seu próprio psiquismo.[VII] Isso é o que os gregos chamavam de virtude, palavra que tem raiz em vir, que significa força e dá origem a palavras como viril e virilidade. O Líder de si mesmo tem força para disciplinar seus impulsos, hierarquizar seus valores, avaliar a legitimidade de seus atos e tomar decisões com consciência e responsabilidade. Ele maneja o leme da própria vida porque conhece os seus próprios rios e correntezas e, assim, consegue mudar o fluxo natural dessas águas de forma respeitosa e inteligente, mantendo-se nos limites das suas margens para não invadir os rios do outro, não permitindo que o outro invada os dele.

Não basta conhecer-se, é preciso estar no comando de si mesmo. Ser, ao mesmo tempo, protagonista e testemunha: ao atuar no mundo, exerce o seu protagonismo; ao observar-se continuamente, faz-se testemunha do seu próprio protagonismo. Do mirante, o Líder tem visão e consciência de si mesmo e de sua atuação. É capaz de se ver vivendo, precisa viver e se ver vivendo durante todo o tempo de sua vigília.

Curiosamente, não é corriqueiro o exercício da capacidade de pensar do executivo, especialmente sobre si mesmo. No mundo organizacional, é comum que as pessoas respondam aos estímulos de forma quase automática, cada vez mais absorvidas pela avalanche de informações e por um ritmo acelerado de trabalho. A necessidade de respostas rápidas, o cargo, a hierarquia, a cultura e, do ponto de vista pessoal, a superficialidade das telas e das redes digitais dão às pessoas a falsa sensação de que estão protegidas de suas condutas impulsivas ou irrefletidas. Mas atenção: na tela, as expressões do seu rosto, muitas vezes involuntárias, estão em foco, é o *zoom* em ação.

Pressionados pelo afã de conseguir resultados e por uma agenda insana, alguns são tomados pela superficialidade, menosprezando o valor do diálogo e do trabalho em equipe no aprimoramento de suas decisões. Em nossa pesquisa sobre o tema "sucesso e (in)felicidade no trabalho", que fazemos periodicamente nos últimos 25 anos, os comentários mais frequentes de muitos executivos ao saber dos temas se resumem em: "Nem posso parar para pensar sobre isso".

A dificuldade de parar e refletir, por um lado, e a sensação de alívio de não ser uma estatística isolada, por outro, também estão presentes. Veja os resultados de pesquisas feitas com mais de 500 executivos:

Outubro 2020

- ✓ 52% declaram estar muitíssimo preocupados com a sua saúde;
- ✓ 47% consideram-se muito estressados; e
- ✓ 22% consideram que suas relações afetivas com o marido, a mulher, o parceiro ou a parceira estão deterioradas.

A pesquisa também mostrou que essas preocupações aumentaram de forma muito importante o nível de estresse dos entrevistados. Note que não são citadas necessariamente ações, e sim preocupações. Seis meses depois, em abril de 2021, nova pesquisa revelou que:

Abril 2021

- ✓ a preocupação com a saúde havia aumentado segundo 76% dos entrevistados, enquanto para 20% ela se mantivera estável;
- ✓ 61% dos executivos consideraram que houve piorado nível de estresse em relação a outubro de 2020;
- ✓ para 32% ele não tinha se alterado, e apenas 7% haviam conseguido "ir para o mirante" e controlar suas reações; e

- ✓ saltou para 31% a proporção dos que percebem a deterioração da qualidade das relações afetivas, contra 22% na pesquisa anterior.

Na pesquisa de julho de 2021, os resultados mostram o seguinte:

Julho 2021

- ✓ 88% dos entrevistados nunca viveram uma crise tão intensa;
- ✓ 56% sentiam intenso medo de morrer; e
- ✓ 42% tinham se separado da parceira afetiva, ou do parceiro afetivo, ou consideravam que a relação estava insuportável.

Dezembro 2021

- ✓ para 53% o nível de estresse aumentou ainda mais;
- ✓ para 35% o nível de estresse permaneceu o mesmo;
- ✓ para 49% é maior o nível de cuidados com a própria saúde;
- ✓ para 40% aumentou ainda mais a preocupação com a relação afetiva com o(a)parceiro(a), enquanto para 54% manteve-se o nível de preocupação;
- ✓ para 47% aumentou a preocupação com a qualidade do relacionamento familiar; e
- ✓ para 24% houve redução do equilíbrio entre vida pessoal e profissional, enquanto para 33% esse equilíbrio aumentou e para 43% manteve-se estável.

> *Identifique:*
> *urgente ≠ importante*

Dedicar-se a pensar sobre um assunto, debruçar-se analiticamente para vê-lo em todas as suas dimensões, pode ser entendido como falta de agilidade. O *timing* da tomada de decisão é fundamental; o mundo não espera, os concorrentes avançam, os clientes estão cada vez mais exigentes, as relações sociais são complexas e mutáveis e a tecnologia... nem se diga. Mas não se pode confundir o que é urgente com o que é importante. Pesquisas da BTA com executivos das 500 melhores e maiores empresas brasileiras revelaram que 61% do que eles fazem é "dispensável" e "não agrega valor", nem a eles nem à empresa. Grande parte de seu tempo é gasta com tecnologias desnecessárias (WhatsApp e *e-mails*), jogos de poder, burocracia, atenção à forma em detrimento do conteúdo e com trabalhos de qualidade insuficiente. Dedica-se mais tempo e atenção aos recursos do PowerPoint do que ao conteúdo a ser apresentado, e mesmo à análise crítica desse conteúdo.

> *Você também acha que 61% do que faz não agrega valor?*
> *Junho/2022*

Urge exercer o pensar e o agir. Momentos de latência são necessários para que as condutas passem pelo crivo da razão, dos valores e dos sentimentos. Governar a embarcação com o piloto automático é furtar-se ao papel de protagonista. Colocar-se no mirante da embarcação é condição para o exercício de um governo inteligente não só do barco da empresa, mas também da própria vida.

> "É um paradoxo da tecnologia: você tem mais ferramentas para se conectar, mas ao mesmo tempo fica travado a elas, e deixa de fazer coisas que realmente importam", diz Rodrigo Capuruço, CEO da Volkswagen Financial Services.

2.2.1.3
A BÚSSOLA E OS PONTOS CARDEAIS DO RETO PENSAR

A formação da competência pessoal de um Líder depende da bússola do autoconhecimento. A deliberação da melhor escolha, porém, depende de um raciocínio correto, lógico, razoável e consistente. O raciocínio distorcido anulará qualquer esforço de atuação reflexiva da pessoa. Quando se pensa de forma equivocada, seja por dispor de informações parciais, seja por falta de malícia, seja por não promover conclusões logicamente corretas, tende-se a agir de modo inadequado. Ninguém governa um barco com sucesso sem tomar decisões bem fundamentadas, com premissas verdadeiras e visão de conjunto, integrada.

Uma das formas de raciocinar erradamente é usar uma lógica formal de raciocínio correta, mas com premissas falsas.

Vejamos o exemplo de Clara, brilhante executiva de uma multinacional em que exercia o cargo de diretora comercial. Clara partia da premissa de que a empresa tinha de ter maior tolerância com mulheres que eram mães. Como ela tinha dois lindos gêmeos de um par de anos,

> sua conclusão era que a empresa tinha de lhe oferecer condições diferenciadas de prazo e de metas para as entregas com as quais se comprometera.

Do ponto de vista lógico, a formulação do argumento pode ser correta. Trata-se de uma dedução que poderia ser coerente: mães com filhos pequenos devem receber tratamento especial da empresa, em termos de prazo e de entrega de resultados. Eu sou mãe de gêmeos pequenos, logo, eu mereço tratamento especial da empresa, que deve alargar prazos e ter maior tolerância com as entregas combinadas no plano de metas.

A lógica do raciocínio é correta, entretanto a premissa pode ser questionada, inviabilizando toda a dedução dela decorrente. Se a empresa não dispõe de regras diferentes para a entrega de metas e resultados para mães, não faz sentido Clara julgar que a empresa "tem que" pensar dessa forma. Ao não aceitar o fato de que a empresa não é obrigada a fazer mais do que a lei determina, Clara distorceu o seu raciocínio na origem. Como consequência, além de viver um conflito que atrapalha sua felicidade e seu bem-estar, ela corre o risco de não cumprir suas metas, o que pode, em último caso, até custar-lhe a posição. Nosso questionamento aqui não é sobre ser certo ou errado que as regras de entrega de resultados sejam diferentes em casos especiais. Queremos, isso sim, clarificar a necessidade de pensar problemas do cotidiano empresarial de forma reta, lógica, razoável.

Outra forma de raciocinar de modo errado é apresentar um argumento que se constitui em falácia: a conclusão não deriva das premissas apresentadas. Trata-se de falso silogismo, ou seja, de sofisma.

> É o caso de José Renato, um executivo da área de finanças. Ele partia da premissa de que, se uma pessoa é feliz, é realizada profissionalmente. Mas isso não significa que o inverso seja verdade. Ao considerar-se realizado profissionalmente, deduziu equivocadamente que era uma pessoa feliz. Aparentemente, esse argumento seria correto do ponto de vista lógico, mas não é, trata-se de falácia. Podemos organizá-lo assim: "Se uma pessoa é feliz, ela se sente realizada profissionalmente. José Renato se sente realizado profissionalmente. Logo, José Renato é feliz".

Essa falácia, chamada de afirmação do consequente, pode ser demonstrada por meio de um contraexemplo: "Se uma empresa fraudar documentos em uma licitação, ela perderá a concorrência. A empresa perdeu a concorrência, portanto, ela fraudou documentos". Ora, existem outros motivos para que uma empresa perca a concorrência. Assim, a construção desse raciocínio não permite tal conclusão. Ela não é logicamente derivada das premissas. Do mesmo modo, a conclusão do argumento anterior de que José Renato era uma pessoa feliz não é derivada das duas premissas do argumento. Trata-se, portanto, de um argumento distorcido, uma falácia. O reto pensar corrige esse tipo de raciocínio.

Também se pode distorcer o raciocínio por meio de uma "desculpa verdadeira", conceito criado pela primeira autora deste livro.[VIII] O que são "desculpas verdadeiras"? São todos aqueles fatos que realmente dificultam o alcance de um objetivo e que são citados, com racionalidade e inteligência fina, para justificar erros, falhas ou o não atingimento do resultado desejado. Apesar de conter justificativas reais para a não realização de um resultado almejado, esses "fatos" não passam de desculpas. O dólar subiu, o país vive uma crise política, a pandemia afetou o desempenho da empresa, o preço da energia está insustentável, o Conselho de Administração não entende a realidade da organização, um colega não entregou o combinado, o outro é lento e impreciso nas respostas. Conforme o caso, qualquer um desses fatos pode influir significativamente no alcance do resultado desejado. Se influi e é usado como a grande justificativa de um resultado ruim, está formada a equação:

BOM RESULTADO =

MAU RESULTADO +

DESCULPA VERDADEIRA

E parece que está tudo certo, afinal, eu fiz a minha parte!" A avaliação do problema é atenuada por causa de uma racionalização, ou seja, de um raciocínio distorcido que serve como desculpa, ainda que verdadeira. A desculpa verdadeira impede o executivo de mudar o seu posicionamento e solucionar os problemas de forma efetiva.

Por que as pessoas raciocinam errado, então? No primeiro caso, por ignorância sobre como fazer diferente: elas não tiveram a oportunidade de aprender a refletir com profundidade e lógica sobre as premissas que regem seu viver, uma questão educacional que se reflete na prática profissional. Na formação de executivos, a educação não pode se resumir à transmissão de conhecimentos que se transformam em verdades inquestionáveis. Cada executivo deve refletir sobre tudo o que aprende, tornar-se o autor de seus pensamentos, e não o seguidor de "gurus". Immanuel Kant dizia que não se deve ensinar filosofia, mas ensinar a filosofar.

No segundo caso, os indivíduos raciocinam erradamente porque se fixam em uma fase infantil do desenvolvimento humano e se valem de raciocínios distorcidos para justificar as suas fixações. Uma criança não é capaz de assumir a responsabilidade por seus atos. Um adulto que não amadureceu psiquicamente se vale de raciocínios distorcidos para alimentar suas falsas convicções de que a passividade, a agressividade ou a sedução resolvem os problemas da vida.

No terceiro caso, o indivíduo usa de má-fé valendo-se de desculpa verdadeira, atitude de quem não quer assumir as suas responsabilidades e prefere atribuí-las a outrem no intento de não arcar com suas escolhas e condutas. Quem se vale de desculpas verdadeiras se coloca como vítima da situação e não assume o protagonismo da sua vida. As dificuldades, ainda que verdadeiras, são transformadas em pretextos para justificar limitações e aliviar o peso da responsabilidade. Kant advogava ainda a importância de o ser humano buscar o esclarecimento,[IX] sair de sua menoridade, que é a condição de quem precisa recorrer a outrem para pensar e tomar as decisões da sua vida. Para o filósofo alemão, a permanência do ser humano na menoridade se deve à preguiça e à covardia, pois é cômodo valer-se de desculpas e atribuir responsabilidades às outras pessoas, às circunstâncias ou ao ambiente político e econômico.

Ser esclarecido significa viver com sabedoria, mas isso exige coragem. Somente aqueles que pautam suas condutas por uma filosofia de vida própria, baseada em convicções pessoais bem fundamentadas, são capazes de bancar suas escolhas e tornar públicos seus posicionamentos. A concordância consigo mesmo é a base para a sua paz interior, mesmo que seus pares e o mundo discordem de suas ideias e decisões. Essa é a fórmula para manter a alma calma.

Para corrigir as premissas que originam raciocínios distorcidos, apresentamos algumas proposições básicas. O primeiro passo para pensar corretamente é ter premissas verdadeiras, frutos não somente da intuição, mas testadas pela realidade, comprovadas pela experiência e teoricamente sólidas. Tais proposições são os pontos cardeais do reto pensar, coroados pelo norte magnético, como veremos a seguir.

Os pontos cardeais são referências de orientação no espaço terrestre. A origem etimológica do termo remete a *cardo/cardinalis*, do latim, que significa eixo, peça ao redor da qual algo gira. O polo magnético, por sua vez, é aquele ponto para o qual a bússola sempre aponta, em razão do magnetismo da Terra e da agulha, que é um ímã. O reto pensar é composto, portanto, pelos quatro pontos cardeais e pelo norte magnético. Eles orientam a reflexão sobre emoções, sentimentos e atitudes, base da competência pessoal do Líder.

Relembrando:

RETO PENSAR

- ✓ o ser humano é só
- ✓ a culpa é inútil
- ✓ no free lunch
- ✓ saiba o chapéu que está usando
- ✓ a premissa de ser honesto

• O norte do reto pensar: o ser humano é só

O primeiro ponto cardeal da bússola do reto pensar, necessário para corrigir as falácias de raciocínio, é aceitar que o ser humano anseia por ligar-se a algo que minimize o seu sentimento de abandono e desvalimento existencial. Ao ter consciência de si, o indivíduo se dá conta de que o outro não é extensão de si mesmo. O outro é outro. Percebe que não há um cordão umbilical que o ligue a ninguém. Ao ver-se como sujeito, todo o resto, e até o próprio corpo, é objeto para a sua consciência. Ao ser capaz de ver a si mesma, a pessoa conclui que tudo o que não é ela é o outro – que, portanto, está separado dela e livre para corresponder, ou não, a suas expectativas.

Essa constatação de que "cada um é cada um" remete o ser humano à percepção de sua própria solidão existencial. Sabe, assim, que o outro não tem de atender a seus desejos, necessidades e reclamos mais urgentes. O outro tem essa liberdade. Ele pode, inclusive, descumprir um compromisso estabelecido, pactuado e até assinado. Se isso é correto ou não, é outra história. Aceitar essa realidade da vida é fundamental para a construção da competência pessoal de um Líder e para a construção do seu caráter. Com esse ponto cardeal, a pessoa aprende que deve ser o timoneiro da sua própria vida, que não deve pôr o seu destino nas mãos de ninguém. Isso vai exigir que ela aprenda a comunicar-se adequadamente para obter o que deseja, agindo, por vezes, diferentemente da tendência natural de sua correnteza interna.

O lado sombra desse ponto cardeal é a possibilidade de confusão com a ideia de que o ser humano pode viver sozinho. Reconhecer que você é só não significa acreditar que vive sozinho. Todos nós dependemos de uma rede de relacionamentos. Ser só é reconhecer a realidade de que todo ser humano sente vontade de ser acolhido por outro, mas também admitir que isso não leva ninguém a ter a obrigação de acolher o outro. Mesmo que o temperamento do indivíduo dificulte emocionalmente que ele se veja separado do outro – o que o faz confundir as águas de seus rios com as dos rios de outros –, ele pode aprender e aceitar essa realidade racionalmente, de tão óbvia que ela é. Mas, como tem interesses ou desejos que dependem de outras pessoas, terá que aprender a se relacionar com o outro.

O reto pensar do Líder aceita a premissa de que o ser humano está separado do outro. Essa constatação exige do Líder o aprimoramento da sua capacidade de comunicar-se e de pactuar acordos com o outro, definir compromissos e estabelecer a entrega que se espera de ambas as partes. O combinado não é caro, lembra a sabedoria popular. O acordo, quando estabelecido livremente, é a escolha de restringir a própria liberdade em troca de um benefício.

Muitos executivos não se sentem livres. Apesar da independência financeira e do *status* da posição empresarial que ostentam, consideram que o mundo do trabalho não lhes oferece muitas opções. Trata-se de um falso conflito, decorrente de raciocínio distorcido. A vida se faz de escolhas. Escolher é renunciar, pois não é possível colocar cada pé em uma canoa ou seguir por dois rios ao mesmo tempo quando se está a tocar o barco da vida. A dúvida só é racional enquanto aponta a necessidade de buscar mais informações para a tomada de decisão. Depois da decisão, a dúvida em geral é um subterfúgio para não assumir a responsabilidade da escolha, ou seja, o pleno exercício da liberdade.

Desconsiderar a realidade desse ponto cardeal traz impactos muito negativos ao equilíbrio emocional do executivo, como vimos, assim como afeta os resultados empresariais. Aqui queremos chamar a atenção para o enorme desperdício de tempo e de energia que resulta de problemas causados por conflitos entre pessoas na organização. Ao criar expectativas acerca do comportamento do outro e não as verem atendidas, muitos executivos se desgastam emocionalmente, o que drena a energia produtiva. O impacto dessas consequências nos resultados é evidente, afetando não somente o Ebitda[5] e o lucro líquido, mas também resultados empresariais que vão muito além da dimensão econômico-financeira.

• O sul do reto pensar: a culpa é inútil

O segundo ponto cardeal referente à construção da competência pessoal exige rever toda a tradição judaico-cristã de que somos herdeiros. Trata-se da culpa. Ela decorre de um erro de raciocínio, pois não é possível voltar ao passado e modificar a própria conduta ou a conduta do outro. Como é impossível alterar o passado, a culpa é inútil. Ela alimenta a transferência de responsabilidade, com sua consequente vitimização, e representa um enorme gasto de tempo e energia.

O sentimento de culpa pode levar a pessoa a não se julgar merecedora das boas coisas da vida. Cada recompensa com que a vida lhe premia é sentida como algo de que não se pode desfrutar plenamente.

---

[5] Ebitda: *earnings before interest, taxes, depreciation and amortization.*

Em alguns casos a pessoa julga que é merecedora de castigo. A tendência de culpar os outros pode resultar na legitimação, até mesmo em nome da justiça, da ideia de castigo. Ora, uma vez que se atribua culpa por um ato cometido, o castigo não tem o poder de corrigir a ação. Trata-se de uma forma primária de promover o condicionamento, com vistas a impedir a repetição de determinado comportamento. Quando o erro é compreendido pelo seu autor e transforma-se em aprendizagem, o castigo é inútil, a não ser para demonstrar a força de quem o impinge e instituir uma cultura do temor na organização. Não se corrige o passado.

Executivos fixados na ideia de castigo, baseada na falsa premissa da culpa, tendem a estabelecer um clima de medo em seu ambiente de trabalho. Sua autoridade tende a buscar seguidores passivos, temerosos do erro e do provável castigo que o sucede. Como seu mundo interior é regido pela culpa e pela necessidade de penitência para compensá-la, eles agem no mundo exterior com a mesma lógica distorcida, punindo seus seguidores que não entregam o estabelecido. Ao fazê-lo, punem o passado. E reforçam a ideia de que o comportamento das pessoas deve ser pautado por uma referência externa, e não pela bússola do reto pensar.

> *O passado você não muda: aprenda com ele e faça melhor*

Vale aqui um parêntese para reforçar a ideia de que a competência pessoal do Líder depende do seu amadurecimento emocional. Sua atuação no mundo será sempre um espelho do seu mundo interior. Nossas pesquisas com mulheres executivas ao longo das últimas décadas ainda revelam a culpa como sentimento recorrente, entre aquelas que são mães, devido ao tempo dedicado ao trabalho e à consequente terceirização das tarefas que por vezes gostariam de realizar – tema, aliás, em parte ressignificado nos tempos de pandemia. Muitas mulheres executivas têm dito que passaram a ter a "posse" da sua casa, a conhecer e estabelecer a sua dinâmica na casa e que isso gerou um prazer inesperado. Por vezes, esse sentimento também se mostrou mal equilibrado com as dificuldades de convivência com o parceiro, que antes se restringia ao final de semana e, nestes novos tempos, mudou radicalmente, o que trouxe satisfação em alguns casos e problemas em outros. E filhos em *home scholling* são um capítulo à parte. Prazer por estar perto, sem viagens, mas incômodo com a falta de espaço individual como realidade impublicável.

O desafio, portanto, é a pessoa alargar a sua visão de mundo e conter as fontes e correntezas que perturbam seu equilíbrio interno para que sua atuação seja mais equilibrada e eficiente. No trabalho e na vida pessoal.

Para superar a tendência de se culpar ou culpar os outros, o indivíduo deve submeter-se à experiência de sentir-se verdadeiramente aceito. A correção das falsas premissas que distorcem o raciocínio é um trabalho emocional que promove o reto pensar. A fixação na culpa não é algo que se resolve com a leitura de um livro ou com uma aula. O diálogo para superá-la inclui a mobilização do afeto daquele que se sente culpado a fim de promover sua evolução. Sem mobilização afetiva, a aprendizagem não se sustenta ao longo do tempo. Esse é o desafio das atividades de desenvolvimento de liderança, que não raro são fundamentalmente cognitivas e, portanto, ineficazes.

Quando isso não é vivido naturalmente na história da pessoa por meio da educação que ela recebeu, é necessário promover iniciativas de reeducação por meio de um atendimento individual, do desenvolvimento de equipes e do desenvolvimento da cultura – ou, melhor ainda, da combinação dessas três dimensões, o que torna o processo mais robusto e consistente (Figura 3). O indivíduo não existe sozinho, ele está inserido em grupos. E os grupos de que faz parte estão inseridos em outros grupos maiores, cada um com cultura própria. Assim, nem mesmo o desenvolvimento individual pode desconsiderar a dinâmica do grupo, da cultura e as interseções entre essas três dimensões, que devem ser, portanto, articuladas. Pelo contrário, o desenvolvimento individual deve ser feito considerando-se essas diferentes perspectivas.

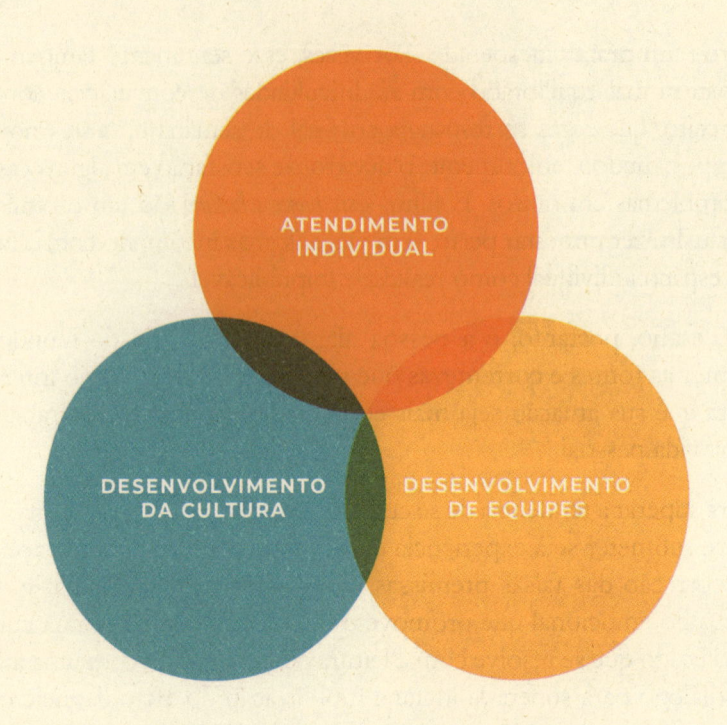

Figura 3: Dimensões do desenvolvimento
Fonte: Tanure, 2021

Trata-se de um trabalho que, em última análise, oferece o impacto afetivo necessário para que a fixação emocional que mantém a distorção do raciocínio seja removida. A aprendizagem definitiva se faz de cor, literalmente de coração, *coeur*, "*by heart*".

Culpa é inútil ≠ Erro sem consequências

O lado sombra desse ponto cardeal está em confundir a culpa com o erro. A culpa é inútil pelo simples fato de que é preciso aceitar a realidade de que não podemos mudar o passado. O erro é outra coisa. Negá-lo é absolutamente absurdo e pode trazer consequências desastrosas. O erro pode promover prejuízos e danos irreparáveis, inclusive a morte. Uma vez cometido, não pode ser desfeito. Todo o esforço deve ser dirigido para atenuar as suas consequências, minimizar os prejuízos que causou e evitar a sua repetição.

Erros acarretam consequências. Elas ocorrem como efeito dos atos que os sucederam. Deve-se, portanto, responsabilizar quem os cometeu. Como veremos ao tratar a bússola *"no free lunch"*, não se deve confundir a responsabilização de uma pessoa por seus atos com a ideia de que ela tem de ser castigada. Responsabilizar-se implica responder por seus atos, no presente e no futuro. Quando o prejuízo é reparável, faz todo sentido pagar pelo erro, no sentido de minimizar todas as consequências dele advindas. E isso não tem nada a ver com castigo. O erro é uma fonte inestimável de aprendizagem e exige a correção do rumo, o acerto da rota e o reparo do dano, quando possível.

A atitude de se culpar ou de culpar os outros é uma forma de fugir da responsabilidade dos próprios atos, de fazer-se vítima dos acontecimentos. A pessoa madura do ponto de vista pessoal reflete sobre a sua participação em cada evento. Ela assume a sua contribuição no problema criado. Isso não significa alienar o outro da sua responsabilidade, mas simplesmente procurar ver quais atitudes podem ter contribuído para que o erro fosse deflagrado. O objetivo é evitar que ele ocorra novamente, ou seja, só valem os erros novos. A repetição dos erros é sinal de imaturidade pessoal e a constatação de que se perdeu uma boa oportunidade de aprendizagem.

A culpa é uma manifestação da dificuldade de aceitar a realidade. A divagação sobre o que poderia ter sido impede o indivíduo de aceitar o presente e programar a sua atuação de forma inteligente.

• O leste do reto pensar:
"(There is) no free lunch"

Ao aceitar que o ser humano deve ser responsável por si mesmo e que a culpa é inútil, o Líder compreende o terceiro ponto cardeal da bússola do reto pensar: *there is no free lunch*. Tal compreensão exige a aceitação de que a vida é trabalho. Do ponto de vista antropológico, o trabalho é a transformação da natureza, que por sua vez é o mundo dado, enquanto a cultura é o mundo inventado.

Toda transformação da natureza, quando envolve intencionalidade, é feita pelo trabalho O rio é natural, mas a usina hidrelétrica, que represa a água do rio em um reservatório, é invenção humana. O animal ser humano é natural, mas o ser humano educado é um invento da cultura e dele próprio, por ser consciente de si. Trabalho, portanto, é condição de humanização.

O trabalho de viver pode ser compreendido com base em duas dimensões mutuamente relacionadas: o trabalho como autodisciplina e o trabalho como labor. A autodisciplina é a capacidade do ser humano de dizer "não" a seus impulsos e motivações por meio de um controle racional que lhe permita ponderar, integrar sua conduta com seus valores, seus sentimentos e seu projeto de vida e avaliar as consequências dos seus atos. Quando internamente o nível do rio diminuir por causa do longo período de estiagem afetiva, o ser humano tem o trabalho de elaborar a sua perda, seja ela qual for, e preparar-se para o período de chuvas, que pode tardar, mas sempre chega. A autodisciplina somente poderá ser exercida se a pessoa exercitar o "estar no mirante" interior e observar-se atenta e cuidadosamente.

Não busque atalhos!

Compreender o trabalho de viver é aceitar que não existem atalhos que nos levem aos resultados esperados. Não existe *free lunch*. E toda tentativa de buscar um atalho poderá, em curto ou longo prazo, acarretar trabalho dobrado.

> São muitos os exemplos de que não existe *free lunch*, dos mais simples aos mais complexos. Eles vão da falta de disciplina, que leva ao envio apressado de uma mensagem de *e-mail* altas horas da noite, "para adiantar", sem a necessária revisão do texto, até a aquisição de uma empresa, mesmo depois de *due diligence*, sem o diagnóstico da cultura organizacional. A pressa na transmissão da mensagem pode gerar interpretações equivocadas e gerar sérios problemas. A falta de um cuidadoso diagnóstico de gente e cultura antes da aquisição pode trazer dificuldades significativas de adaptação das empresas na fase de integração, ou mesmo na definição do custo final da compra. Em ambos os casos, por que não fazer direito desde o início?

O indivíduo que dribla o trabalho é aquele que busca atalhos para usufruir dos benefícios secundários imaginados. Com sua conduta, visa conseguir os bônus e fugir dos ônus de suas ações. Ao procurar safar-se de responsabilidades inerentes a seus atos, ele acha que ganha vantagem, que é mais esperto que os outros. Esse comportamento está na base da corrupção, revelando-se tanto nos pequenos deslizes do dia a dia, no desrespeito às leis de trânsito, no comportamento de fura-fila quanto no não recolhimento de impostos devidos, no desvio de vultosas somas de dinheiro.

Como sociedade, se não nos livrarmos da armadilha dos pequenos delitos não seremos uma sociedade madura nem um país justo. A flexibilidade, característica da cultura brasileira que tem um lado sol extraordinário, é também simbolizada em seu lado sombra pela indisciplina com as regras, comportamento que, ao agravar-se, abre as portas para a corrupção e a impunidade. Quando a conduta de "colar" para passar de ano se generaliza e é vista como normal, roubar a prova da sala do diretor da escola torna-se decorrência, com prejuízo para a vida em sociedade. O mundo contemporâneo exige que cada cidadão estude para a prova e faça o seu dever de casa. Dessa forma iremos mitigar o lado sombra da flexibilidade, criando espaço para que o seu lado sol se amplie e seja uma alavanca para o desempenho empresarial e para o desempenho do país.

O labor, a segunda dimensão do trabalho de viver, é a realização intencional de uma atividade, remunerada ou voluntária, de trabalho ou de lazer, como a de produzir este texto, produzir bens ou serviços, remar o barco para atravessar o rio ou construir uma represa. Não há como separar o labor do trabalho da autodisciplina, dimensão que abordamos anteriormente. Para ser Líder dos outros, é preciso ser Líder de si mesmo. Para ser capaz de realizar-se profissionalmente, é preciso estar harmonizado internamente. O trabalho que executamos no mundo é uma expressão do nosso mundo interior.

Trabalho não é castigo

Aceitar que a vida é trabalho, *there is no free lunch,* exige compreender que trabalho não é castigo, mas a condição necessária para transformar o mundo e a própria natureza humana, ou seja, humanizar-se. Quanto maior é o conhecimento, maior é, sem dúvida, a responsabilidade de quem o possui.

Não se deve confundir responsabilidade com castigo, como fazem o mito e a tradição judaico-cristã. Um dos grandes desafios do timoneiro de uma organização é saber com quais valores suas ações serão julgadas depois de cinco ou dez anos, considerando-se o risco de que o que é visto hoje como normal pode não ser normal em um futuro próximo. Responsabilidade também implica, portanto, em gerir o futuro.

O lado sombra desse ponto cardeal é confundir a máxima *"there is no free lunch"* com a ideia de que tudo na vida é trabalho e controle. O trabalho é um meio de realização dos valores eleitos pela pessoa. Ele não pode ser um fim em si mesmo. O trabalho está a serviço de uma filosofia de vida que promove a felicidade de cada um. Aceitar que a vida é trabalho não significa que a vida é só trabalho. Compreender que toda colheita depende do esforço da semeadura não significa viver a vida sem os momentos de repouso, lazer e restauração.

Também é sombra desse ponto cardeal da bússola do reto imaginar o labor como um sacrifício, no sentido de martírio ou algo que retira a dignidade do ser humano. Quando o que orienta uma pessoa é o sentido que ela própria dá à vida, o trabalho não tem a conotação de castigo. Como meio de realização pessoal, ele pode, inclusive, ter dimensão de sagrado, mas não de sacrifício. Com essa perspectiva, o Líder vê a alegria de navegar, e não apenas a de chegar aos portos do caminho. Dessa forma, é possível vislumbrar sentido e celebração durante a navegação.

A compreensão do trabalho existente no processo de transformação permite acelerar e aperfeiçoar os resultados empresariais. Não somente os financeiros como também os que abrangem todas as dimensões da vida organizacional.

> André Rodrigues tinha o desafio de chegar a um destino específico: reinventar o banco de Varejo do Itaú em um momento de intensas mudanças no mercado competitivo. Como maior banco privado brasileiro, o desafio era promover as mudanças necessárias para manter a liderança em um momento de profundas alterações no mercado bancário e de desafios na economia brasileira – "Se a economia não cresce, e considerando o tamanho do banco, é quase impossível crescer de forma significativa", diz um conselheiro do Itaú. Tecnologia legada, novos entrantes, hábitos sociais em mudança... são muitos os desafios.

> Com resultados consistentes ao longo dos seus anos no Itaú, muitos desafios na sua trajetória, que temos o orgulho de apoiar na BTA, e sendo reconhecido por seu foco, sua energia e suas competências, André, bem como seu time, tinha credibilidade. Isso o legitimava para conduzir o projeto que afetou e afeta diretamente os 60.000*[6] colaboradores do varejo, os clientes e busca garantir a competitividade do banco no presente e no futuro. Não existia a possibilidade de falha – falhar em um projeto como esse não significaria perder apenas dinheiro. Significaria perder o jogo competitivo. Esse era um projeto para uma equipe cuja âncora são os resultados empresariais e que consegue administrar a resistência e a ansiedade dos que estão no entorno com coragem e plasticidade, conceito que defendemos em substituição a resiliência, como descrito na página 39.

A clareza de que *"there is no free lunch"* foi base fundamental para uso da técnica e da arte nessa desafiadora jornada do banco de Varejo do Itaú. Aqui vale um alerta para todos os projetos estruturantes de longa duração: é necessário que sejam projetos de Estado, e não de governo. Iniciou-se com a liderança do próprio André Rodrigues na gestão Marcio Schettini/Candido Bracher, sucedida pela gestão Milton Maluhy, que confirmou o seu apoio a esse projeto estruturante, escapando da armadilha de mudar o que não deve ser mudado. Esse é um belo exemplo de projeto de Estado.

O desafio de continuar sendo encarado como projeto de Estado se mantém após outra mudança de estrutura, anunciada em junho de 2022. André Rodrigues muda de posição e Alexandre Zancani e André Sapoznik passam a responder pelo varejo.

---

[6] Em 2020 o Varejo do Banco Itaú tinha um total de 60 mil colaboradores e, em 2022, 40 mil.

• O oeste do reto pensar:
saiba o chapéu que você está usando

O quarto ponto cardeal do desenvolvimento da competência pessoal diz respeito à compreensão dos diferentes papéis que cada pessoa representa no dia a dia. Para cada papel, um chapéu. Estamos todos no mesmo barco, mas os chapéus que usamos podem variar. Ao mesmo tempo, exercemos os papéis de pai, mãe, líder, liderado(a), filho(a), amigo(a), colega, cidadão(cidadã), sócio(a), marido, mulher, parceiro(a) e tantos outros. Essa multiplicidade de papéis e a complexa rede de nossos relacionamentos exigem cada vez mais a consciência do enredo de cada situação e da contingência que o envolve. Em alguns momentos, usamos a coroa de uma rainha ou de um rei, em outros apenas um boné ou uma boina. Cada contexto exige o seu chapéu. Por isso é importante você se perguntar que chapéu está usando ao abordar determinada pessoa. E mais: meu chapéu é legítimo? O outro me reconhece? Cabe a mim exercer esse papel?

> Certa vez, Tereza, diretora comercial de uma empresa, precisou chamar a atenção de uma estagiária da área comercial, Marcela, que era filha de um dos sócios da companhia. Ainda universitária, Marcela descumpria repetidamente o plano de metas traçado pelo grupo liderado por Tereza. Em uma reunião com a estagiária, Tereza explicou que, ao pontuar os erros dela, estava usando o chapéu de diretora e ela, usando o chapéu de estagiária. Sua responsabilidade exigia que ela promovesse aquele diálogo, em respeito ao contrato psicológico efetivado pela equipe. Explicou-lhe a importância de cada um saber o próprio papel naquela situação.

> Feita essa introdução, o diálogo transcorreu em clima respeitoso, embora tenso. Chamar a atenção, ouvir as justificativas e promover novos compromissos é tarefa que exige o controle das emoções e a clareza dos papéis. Terminada a reunião, Marcela saiu da sala visivelmente chateada. Tereza sabia dos riscos de uma eventual retaliação.

A consciência do chapéu que se está usando em cada situação é uma competência fundamental para evitar desentendimentos e promover resultados melhores para a organização. Ela permite exercer o poder da liderança com cerimônia, de modo a evitar a confusão de papéis, que desperdiça tempo precioso das pessoas e impede a realização de resultados excepcionais.

Identifique eventual conflito de interesse

Outra vantagem da consciência do chapéu que se está utilizando é a percepção de um eventual conflito de interesses. Esse tipo de conflito ocorre quando um executivo usa dois chapéus ao mesmo tempo. Se ele exerce o papel de "comprador" e o "vendedor" é ligado a uma empresa de sua família, seus interesses podem entrar em conflito. Devemos aqui entender as aspas nas palavras vendedor e comprador: é para além das atividades objetivas de cada parte. A consciência desse conflito de interesses impõe o encaminhamento da decisão para outra instância, independente, ou a abstenção a respeito da tomada de decisão. É fundamental ter as regras adequadas que regulam um potencial conflito de interesses.

> Usar diferentes chapéus
> ≠
> de usar chapéu alheio

O lado sombra desse ponto cardeal é o uso do chapéu alheio como meio de fugir da responsabilidade pelos próprios atos. Quando o chapéu não lhe pertence, mas é usado para fingir e justificar atitudes desonestas, esse ponto cardeal deixa de servir à orientação do barco e o desnorteia no círculo vicioso da teatralidade indiscriminada. E não se assuste com a palavra desonestidade: um roubo é caso de polícia, mas as pequenas desonestidades do dia a dia também precisam ser expurgadas da vida. Ter consciência do próprio chapéu e do teatro organizacional não é o mesmo que ser "ator", aquele que finge apenas para não arcar com as consequências de suas atitudes. O uso de um chapéu que não é o seu leva ao teatro. O medo de ser desmascarado alimenta a farsa, que se renova para que o fingimento não venha à tona. Enquanto isso, perde-se tempo e energia na busca da realização dos resultados empresariais.

> Qual é a sua intencionalidade?

Saber representar os diferentes papéis exigidos pelos diferentes chapéus que se tem na vida não é o mesmo que se valer do teatro como forma de fugir das responsabilidades. A intencionalidade, maneira de nos posicionarmos diante do mundo, dá o tom da representação de papéis. A intencionalidade positiva é o esteio da consciência do próprio chapéu, dos chapéus dos outros e dos objetivos almejados. Quando a intencionalidade é negativa, a farsa é desenfreada, motivada pelo desejo de manter as aparências e evitar o desmascaramento das reais intenções. Essa sombra da representação de papéis é combatida com o diálogo franco e a consciência de que a cultura exige um chapéu adequado para cada ocasião, tendo-se sempre em vista os acordos estabelecidos, os seus fins e os direitos e deveres deles decorrentes.

Cumprir os acordos estabelecidos é preparar a empresa para favorecer-se do clima de confiança, pré-requisito para a velocidade na tomada de decisão, a maior satisfação de clientes, fornecedores e colaboradores e, enfim, a maior geração de resultados empresariais admiráveis.

• O norte magnético do reto pensar:
a premissa de ser honesto

O norte magnético, para o qual a agulha da bússola aponta continuamente, representa o sentido ético do reto pensar. A consciência do trabalho de viver, ao qual não cabe furtar-se, e de que os chapéus da vida empresarial são variados promove a compreensão de que a honestidade é premissa para o exercício da liderança. O que é certo, a honestidade, é o caminho mais seguro para resolver os problemas. Ao assumir os problemas e encará-los, economiza-se tempo e energia, o que é fundamental para construir resultados admiráveis. Mais do que qualquer benefício que daí possa decorrer, ser honesto é premissa. Isso não se pode discutir.

A honestidade sustenta a confiança nas relações, em todos os níveis. Nossa cultura, no entanto, tem o traço do sistema autocrático, que, somado à valorização demasiada da harmonia das relações, mesmo que aparente, dificulta as conversas francas. No ambiente empresarial, é comum as pessoas evitarem expressar claramente o que pensam e sentem.

Em uma pesquisa realizada entre executivos pela primeira autora deste livro em 2021, 66% apontaram que o autoritarismo é um dos principais motivos de as pessoas mentirem em seu ambiente de trabalho. Há ambientes em que a franqueza é punida, mesmo que de forma cada vez mais sutil e sofisticada. Discordar publicamente da posição de um *big boss* pode significar em muitos casos a senha surda e muda para ser excluído, literal ou simbolicamente, da equipe. Será melhor, então, mentir em vez de se abrir nas oportunidades de diálogo com o poder? Será melhor mesmo? Não..., não será.

Por que, então, parece tão difícil ser franco, ser verdadeiro? Por um lado, como analisamos anteriormente, essa situação é alimentada pela quase generalizada falta de coragem de confrontar quem está no poder. Há o pressuposto, herança de gerações e próprio da cultura, de que a conversa franca e a conversa difícil devem ser evitadas, inclusive pelo desconforto que geram. O resultado disso é que as pessoas vão se tornando cada vez mais queixosas e emocionalmente vulneráveis. O outro lado da moeda é o comportamento do tipo "pele fina" de boa parte das pessoas, aqueles executivos que se percebem muito bem-sucedidos e que não tiveram como escola o recebimento de *feedbacks* assertivos. Eles se acostumaram a receber elogios, construíram uma imagem de perfeitos e se sentem afetados quando alguém lhes diz diretamente, por exemplo, que algo não está funcionando.

Outra causa da dificuldade é a ilusão de que desonestidade vale a pena. Inadmissível causa! O indivíduo acredita que o atalho ou a farsa vai fazê-lo chegar ao seu objetivo mais rapidamente e com menos esforço. Em um contexto de impunidade e falta de coragem, no qual a conivência com a mentira, com a corrupção pode parecer "normal", parece não valer a pena ser honesto. Mas não se iluda, a conta chega – e mais rápido do que você imagina.

Platão nos presenteia com o mito do Anel de Giges para mostrar o raciocínio daquele que pensa que a natureza humana é ambiciosa de ganho e que a desonestidade pode ser mais útil do que a honestidade. Diz a lenda que Giges, um pastor, recolheu um anel de ouro da mão de um cadáver embalsamado que viu depois de uma tempestade, ao se abrir uma fenda no solo onde apascentava o rebanho. Dirigiu-se para a reunião mensal dos pastores, que era feita para prestação de contas ao Rei. Despretensiosamente,

> brincando com o anel que colocara em seu dedo, Giges virou o engaste do anel para si. Imediatamente os outros pastores começaram a falar de Giges como se ele não estivesse mais ali. Admirado, testou o poder do anel e descobriu que ele lhe fazia invisível e visível conforme a posição do engaste. Animado com tamanha façanha, fez-se um dos delegados dos pastores para ir ao Castelo prestar contas ao Rei. Chegando lá, seduziu a Rainha e, com a ajuda dela e o poder da invisibilidade, matou o Rei, casou-se com a cúmplice e tomou o poder.

A tentativa do filósofo, a propósito do mito de Giges, é explicar o distorcido pensamento de que o ser humano só age moralmente por medo da punição. Isso vale para o indivíduo infantil. Se lhe for dado um anel de Giges, que o faça invisível, ele fará o que bem entender, sem escrúpulos e com ganância para realizar todos os seus desejos. Isso ocorre entre aqueles que ainda não amadureceram e acreditam que a desonestidade é melhor do que a honestidade. Falta-lhes o norte ético a orientar as suas condutas com base na liberdade e no discernimento. Na bússola, o norte magnético é pintado. Independentemente de onde você esteja, ele apontará sempre para o sul magnético da Terra.

Ser honesto é valor! Exige maturidade è a compreensão da interdependência de tudo o que existe e da verdadeira relação de causa e efeito. É preciso, também, ser maduro para ver-se e aceitar-se com todos os defeitos, falhas e limites inerentes à condição humana. As pessoas parecem buscar no espelho um ser perfeito, um ideal de ser humano, e não esse ser limitado que somos todos nós. Ser honesto exige humildade, que nada mais é do que ter os pés no chão, ser do próprio tamanho.

Certa vez, Joana, executiva que participava de um processo estruturado de desenvolvimento conosco, revelou o seu conflito em ir ou não a uma reunião semanal na empresa. Ela havia cometido um erro com um cliente: por esquecimento, deixou de tomar uma providência relacionada ao serviço contratado. A falha chegou ao Presidente, com quem acertou as medidas de reparação e correção. Apesar do vacilo, os danos foram minimizados e o cliente não criou problemas. Joana sabia que, de acordo com a cultura da empresa, sua falha seria levada à reunião com todos os executivos, pois o Presidente socializava todas as falhas para evitar fofocas, promover a aprendizagem coletiva e desenvolver um ambiente de busca coletiva da verdade. A executiva pensou em faltar à reunião alegando estar doente. Conversando conosco, deu-se conta de que sua fuga apenas adiaria o problema. Percebeu que seu conflito decorria da sua dificuldade de aceitar suas imperfeições e da inútil tentativa de mostrar-se uma profissional infalível para os seus colegas. Participar da reunião seria como assistir à queda da sua máscara de profissional que nunca erra. Poderia ser libertador – ou destruidor.

Ocorrem aí dois equívocos. O primeiro é confundir excelência com perfeição. Ser excelente não é ser perfeito, mas ser capaz de corrigir rapidamente as falhas e minimizar as suas consequências. Saúde psíquica não é perfeição, mas elevação e aperfeiçoamento contínuos, o que exige o humilde reconhecimento das próprias falhas, de eventuais erros e enganos.

2 equívocos comuns:
- *excelência ≠ perfeição*
- *sua máscara ≠ você*

Admitir falhas na vida profissional tem um lado sol que é desperdiçado pelas equipes que fingem perfeição. Quando alguém admite publicamente deficiências relevantes no desempenho da equipe, o efeito sobre as pessoas pode ser justamente o contrário do que se teme. Encontram-se "brechas" de colaboração. Abre-se a possibilidade de o potencial de outra pessoa do grupo contribuir para minimizar a fragilidade apresentada, somando competências e fazendo a equipe funcionar como um corpo coletivo.

> Quando, com nossa intervenção, Joana conseguiu admitir para si mesma que errara e tomou a atitude de corrigir-se e de minimizar as consequências de seu esquecimento, deixou de temer sua participação na reunião. Quando o tema veio à tona, ela descreveu o erro, analisou as causas, apresentou as providências que havia tomado para que o problema não se repetisse e explicou como resolveu a situação com o cliente. Mais sugestões foram dadas para evitar erros semelhantes. Outro executivo revelou uma falha parecida que ainda não tinha vindo à tona. São as brechas de aprendizagem do trabalho em equipe. A humildade de aceitar as coisas como elas realmente são tem potencial para transformar erros em grandes oportunidades de aperfeiçoamento pessoal, da equipe e de processos organizacionais.

Quando um Líder admite diante das pessoas seus limites, ele permite que sua equipe agregue competências às dele, no espírito de "um mais um é mais do que dois". É óbvio que para isso, seja na seleção, seja na atuação como executivo, não se deve parar no "não fiz", "me equivoquei", "desculpe", "preciso de ajuda". Admitida a falha, deve-se mudar o curso das coisas. Esse é o caminho libertador.

O segundo equívoco é confundir a máscara consigo mesmo, fundir a pessoa com o seu chapéu. Construir uma imagem de si mesmo diferente da real, da verdadeira, pode ser útil no teatro organizacional, mas não se deve confundir imagem construída com realidade. Se isso ocorrer, o indivíduo não conseguirá renunciar à máscara, pois ela já estará "grudada" em seu rosto. Admitir o erro, destruir a máscara, equivale a destruir o que ou quem a mantém. Nesse caso, a pessoa já não consegue mais cursar o rio da honestidade. A bússola já não funciona. O norte magnético já não serve de referência.

> Certa vez, ouvimos de uma Presidente que sua mãe lhe disse ter enorme orgulho do fato de ela ser Presidente de uma grande multinacional e que a admirava ainda mais depois que foi alçada a essa importante função. Ao ouvir essas afirmações da mãe, ela ponderou que não era Presidente, e sim estava Presidente. Disse-nos que apenas tinha uma responsabilidade maior, mas era a mesma pessoa. Ela estava certa.

Se o orgulho da mãe pela filha aumenta porque ela é Presidente, é de se imaginar que diminuirá quando deixar de sê-lo. Os cargos exercidos no mundo empresarial, no mundo político ou no mundo profissional são, de forma geral, papéis. Eles não tornam automaticamente os seus ocupantes melhores. Deixar de ocupar uma posição na hierarquia da empresa não significa perder a própria identidade. Trocar de chapéu não significa perder a personalidade.

Ou melhor, não deveria significar: em uma pesquisa (2021) que realizamos com 405 executivos brasileiros, 56% admitiram que a perda da posição era um tema que os levava a perder o sono.

Quando a pessoa não se ilude a respeito de si mesma, nenhuma crítica a surpreende. Se a crítica for verdadeira, não há problema, pois é verdade mesmo e não resta alternativa a não ser aprimorar-se. Se a crítica for falsa, também não há problema, já que não é cabível. Quando a pessoa tem a humildade de aceitar a realidade a respeito de si mesma, não há problema em ouvir críticas. Aquele que tem amor pela verdade a sente como algo libertador. Aquele que fundiu a máscara no próprio rosto percebe a verdade como ameaça, pronta a desfigurar a sua face.

Um corolário da premissa da honestidade é a praticidade. Jogar limpo é, além de premissa, mais econômico. O desgaste de tempo e de energia com a tentativa de manter as aparências, como no caso de Joana, que temia ver a sua falha desnudada para os colegas de equipe, pode não valer a pena. A autenticidade pode ser um caminho mais curto para a solução dos problemas e para o alcance de resultados empresariais extraordinários e admiráveis.

Outra consequência do exercício da honestidade é a credibilidade, pedra angular da construção de compromisso entre líderes e liderados. Sem credibilidade não existe liderança. A credibilidade sustenta o tempero adequado, agridoce[7], como veremos na página 88, ao tratarmos do Dirigente.

Honestidade ≠ Ingenuidade

O lado sombra do norte magnético da honestidade é confundi-la com ingenuidade. Ser honesto não significa ser ingenuamente franco. Ao longo da jornada, é possível deparar-se com navios piratas, prontos a pilhar e saquear barcos mais imprudentes. Riachos que desembocam em um rio podem contaminar suas águas. É necessário ser perspicaz para não ser ingênuo.

---

[7] Agridoce: termo originalmente descrito no livro *Estratégia e Gestão Empresarial*, da primeira autora deste livro em conjunto com Sumantra Ghoshal (2004).

Falar e ouvir a verdade é uma conquista

Não é toda "equipe" que está preparada, de imediato, para o diálogo franco e aberto. E se ainda não está, é porque ainda não é Equipe. Nem todo interlocutor está preparado para ouvir verdades que lhe dizem respeito. E se não está é porque, emocionalmente, ainda precisa amadurecer. É necessário avaliar bem o contexto e a maturidade do outro para decidir o melhor momento de falar. É a ação situacional. Sem essa noção, o norte magnético da honestidade converte-se em ingenuidade e pode produzir consequências danosas. E se não se está maduro é preciso trabalhar para atingir esse objetivo, seja do ponto de vista individual, seja do ponto de vista da Equipe, seja do ponto de vista cultural.

2.3
INTEGRANDO AS COMPETÊNCIAS: O DIRIGENTE

O Dirigente integra o contraditório e administra os dilemas organizacionais utilizando as competências objetivas, subjetivas e políticas.

Para tal, exercita:

- ✓ a competência política (2.3.1); e
- ✓ a competência agridoce (2.3.2).

2.3.1

TOCANDO O BARCO COM ALMA: A COMPETÊNCIA POLÍTICA DO DIRIGENTE

O Dirigente reúne a competência objetiva do Gestor e a competência subjetiva, pessoal, do Líder, e as articula com a competência política. À sua capacidade de articular e viabilizar processos, estratégia e *design*, seu lado Gestor, soma-se a de mobilizar a energia das pessoas para a transformação das práticas cotidianas da empresa, seu lado Líder. A capacidade de fazer a leitura política do contexto, o conhecimento dos processos de gestão e a competência de articular o que for necessário para promover os resultados empresariais conferem ao Dirigente o poder de ser o timoneiro da jornada do barco. Nesse processo, o Propósito serve como ímã para gerar significado para as pessoas, que compreendem sua atuação a serviço de uma causa maior. Para exercer esse papel, o Dirigente atua, ao mesmo tempo, na mobilização das pessoas e na eficiência operacional da empresa, ou seja, sabe governar o barco e, ao mesmo tempo, controlar e administrar as correntezas das suas emoções.

Competência política:

- ✓ perspicácia social
- ✓ habilidade de construir relacionamentos
- ✓ influência pessoal
- ✓ capacidade de administrar o contraditório
- ✓ intencionalidade positiva

A competência política articula as duas competências anteriores tendo como base o desenvolvimento da perspicácia social, a habilidade de construir relacionamentos, a influência pessoal, que é sustentada pela credibilidade, a capacidade de lidar e administrar o contraditório e a intencionalidade positiva. Esta última, inclusive, diferencia o exercício da boa política da politicagem. Tal confusão, bastante comum no ambiente brasileiro, gera uma tendência nas pessoas de bem a não exercerem a sua competência política com receio de serem mal interpretadas, com receio de serem vistas como politiqueiras. E quanto maior o poder, maior a importância da competência política. Por quê? Porque as coisas dependem menos da ação individual e mais do estímulo e da articulação da ação das pessoas. Temos uma ferramenta muito simples, mas de extrema utilidade em todos os níveis organizacionais – e, aliás, também na sua vida pessoal. Trata-se do PIC, nome formado com as iniciais de Preocupação, Influência e Controle (Figura 4).

PREOCUPAÇÃO
Você não pode fazer nada para eliminiar a trava/resolver o problema (controle inexistente) ou alavancar a oportunidade

INFLUÊNCIA
Você pode influenciar pessoas para que a trava/o problema seja resolvido (controle direto) ou alavancar a oportunidade

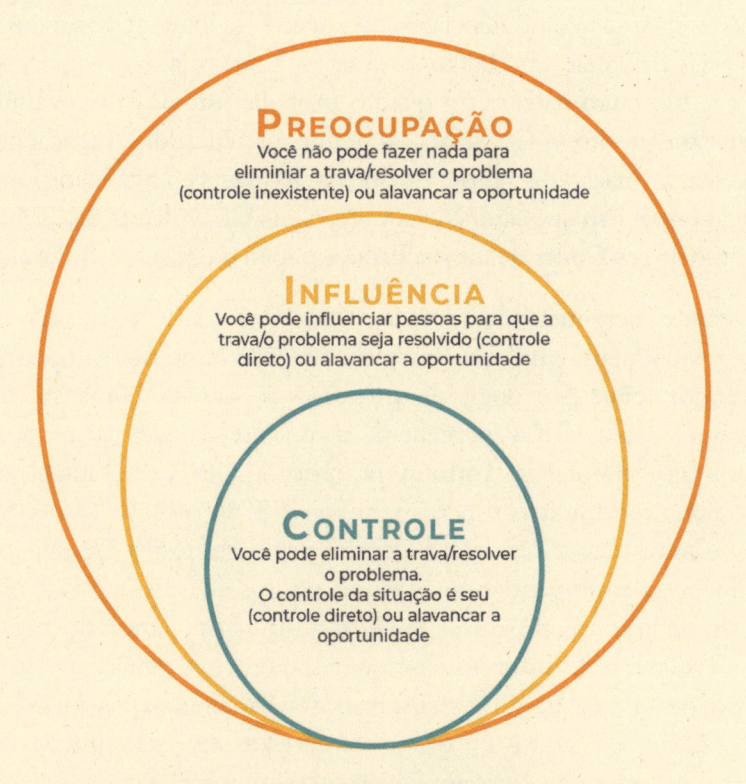

CONTROLE
Você pode eliminar a trava/resolver o problema.
O controle da situação é seu (controle direto) ou alavancar a oportunidade

Figura 4: PIC – Preocupação, Influência e Controle
Fonte: Tanure, 2021.
Inspirado em Covey, 2004.[x]

O que está no campo **Preocupação** é tudo aquilo que você não tem nenhum poder de influenciar a fim de encontrar uma solução ou de alavancar uma oportunidade – como, por exemplo, para a maioria dos mortais, o preço do dólar. No entanto, mesmo que compreenda que o preço do dólar não depende de você, está ao seu alcance, no seu campo de ação e responsabilidade, fazer um *hedge* ou mudar o *mix* de fornecedores ou clientes.

Em oposição a esse campo, temos o **Controle**, que abrange tudo aquilo que depende única e exclusivamente da sua ação, do seu protagonismo. E muitas coisas dependem de você, estejam elas no nível da competência objetiva, da subjetiva ou da política.

O maior desafio encontra-se no campo **Influência**. É aqui que você testa a sua competência política, a arte de influenciar nas mais diversas direções: para baixo, para cima, para os lados, ou seja, ao seu redor, tanto mais perto quanto mais distante de você. Vamos testar o conceito: o Conselho não tem consciência das implicações da transformação digital ou, na prática, do que significa incorporar tal empresa. Em que campo está você, como CEO, diante disso? No campo do seu **Controle**, da sua **Preocupação** ou da sua **Influência**?

Testamos perguntas desse tipo com vários CEOs e executivos de forma mais ampla. A maioria diz que está no campo da **Preocupação**. Ao longo do processo de desenvolvimento, no entanto, esses CEOs percebem, com clareza, que na verdade estão no campo da **Influência**, pois a eles cabe, inclusive, estimular e facilitar o processo de *education* do próprio Conselho de Administração. Ou seja, o desafio é ter estratégias diversas de influência, compreender quais são os pontos de resistência e, com perspicácia social, buscar as melhores estratégias para influenciar. Uma delas é saber fazer boas perguntas, que provoquem as pessoas a pensar, a sair das habituais respostas, muitas vezes viciadas. Há falta de perguntas e excesso de certezas nas organizações: o mercado está ruim, a economia vai encolher, não há concorrentes que se equiparam a nós... Este é um momento de fazer perguntas.

Quando provocamos as pessoas a pensar, a primeira e imediata resposta é um certo descrédito no método e uma justificativa clássica: "Em nosso negócio isso não funciona". Mais uma vez, a competência pessoal – a coragem de confrontar, desagradar, provocar – é um instrumento poderoso, mas de risco para aqueles que não sabem articular as dimensões objetiva e subjetiva com a dimensão política.

É importante sempre lembrar que, além das competências objetiva e subjetiva, a competência política tem papel muito relevante no exercício do PIC. Esta última, portanto, tem relação direta com a influência que o Dirigente é capaz de ter sobre as pessoas e as organizações com as quais se relaciona. Para isso, um elemento importante é a sua credibilidade, que sustenta a influência pessoal. O grau de credibilidade e de confiança que as pessoas têm em você vai também determinar o seu grau de influência. Você deve se perguntar, ainda, qual é o seu grau de relacionamento já construído. Não se constroem relacionamentos em um passe de mágica, isso é função de uma história vivida e que sempre está em construção.

A capacidade de enxergar e integrar os contrários e administrar o contraditório é mais uma das faces da competência política. Em lugar de dilemas construídos pela forma "ou isto, ou aquilo", o que vale é a integração dos opostos por meio do "isto e aquilo". A moeda é uma só. Não se pode pensar em ser cara ou coroa. O Dirigente se mostra capaz de harmonizar os opostos porque percebe a unidade que existe entre eles. Não rivaliza nem alimenta a divisão porque superou a dicotomia entre os opostos, compreendeu que todo sol produz sombra, que toda sombra pressupõe um sol.

Outro atributo importante no exercício da competência política é a intencionalidade positiva. Responda a esta pergunta: sua intencionalidade é positiva? Se a resposta for negativa, não tente influenciar ninguém. Se sua intencionalidade não for publicável, influencie a si mesmo e, das próximas vezes, com intencionalidade positiva, busque influenciar o outro.

Como se pode ver na Figura 5, a atuação do Dirigente requer competência política, mais rara entre os executivos. Dados de nossa pesquisa revelam que apenas 7% dos executivos são Dirigentes, ao passo que 15% são Líderes e 68%, Gestores.

Figura 5: A competência objetiva e a competência subjetiva do Gestor e do Líder, articuladas com a competência política do Dirigente

Fonte: Tanure, 2021.

Adaptada de Tanure, Patrus, 2013.[8] [XI]

Curiosamente, muitos Gestores que têm competências exemplares não se sentem confortáveis em reconhecer-se como Gestores, conforme revelado em nossas pesquisas e trabalhos de consultoria nas empresas. Ainda que valorizados pelo seu papel de Gestor, por serem responsáveis pela eficiência e pela produtividade da unidade sob seu comando e reconhecidos, por vezes, por seu caráter empreendedor, eles prefeririam recusar esse papel. Embora a eficiência da empresa não se faça sem Gestores, o papel do Líder parece ter mais charme. Mas um Líder não é capaz de orquestrar uma equipe se não dominar, mesmo que não intensamente, as

---

[8] Dados atualizados em 2020. - *Valor Econômico*. Online, 23 abr. 2020

competências do Gestor. E o Gestor, mesmo que reconheça a sua fragilidade como Líder, também não será capaz de mobilizar uma "equipe" para que ela seja uma Equipe Dirigente. Para tal, será exigida dele a capacidade de comunicação e mobilização de energias, competências próprias do Líder. Em síntese, o verdadeiro maestro de uma Equipe tem de contemplar as dimensões de Líder e de Gestor, mesmo que não com o mesmo grau de intensidade.

Para atuar como Dirigente, é preciso integrar forças contraditórias e perceber a força dos contrários. Tal capacidade faz parte da competência política, pois somente assim o Dirigente é capaz de ver os dois lados da moeda, ter desenvoltura para buscar a integração do que é apenas aparentemente contraditório, além de identificar e administrar paradoxos.

Como revelou a pesquisa representada na Figura 5, a maior parte dos executivos tem o perfil de Gestor. A competência pessoal e a política precisam ser promovidas por meio de processos individuais de desenvolvimento, sempre se considerando o seu entorno, visto que competência de liderança não é algo isolado, é um fenômeno que se dá na articulação do indivíduo com sua equipe, a cultura e o contexto, tanto interno quanto externo.

> Foi assim com João Teixeira, que se fez Dirigente ao longo da carreira. Após ser presidente do Banco Votorantim, foi também presidente da Copersucar, líder mundial em açúcar. Sua competência objetiva como Gestor mostrava a necessidade de mudança na gestão da carteira de crédito do banco que presidia, o Votorantim, na busca de eficiência e qualidade. Para isso, foi preciso orquestrar um processo de gestão da cultura organizacional e, de forma articulada, implementar uma grande reorganização em nível de negócio e de gestão, o que exigiu de João competência subjetiva e competência política para resolver os conflitos entre as diversas instâncias de poder. Sem a

capacidade de ouvir e de mobilizar as pessoas, ele não teria conseguido implementar seu projeto de reestruturação.

A beleza de reconhecer os ciclos está em sair na hora certa e na preparação do sucessor. Em fins de 2018, João foi escolhido Presidente da Copersucar, um setor diferente daquele em que fez sua bem-sucedida história profissional, no financeiro, onde ficou até março de 2022. João tinha, no início, dois desafios principais: adaptar-se ao setor, conhecendo as suas alavancas e travas, e contribuir para a transformação desse setor. Testou no limite a sua capacidade de adaptação usando as competências que desenvolveu ao longo da sua carreira, refinadas em especial no processo de transformação de cultura que liderou no Banco Votorantim e que tivemos o privilégio de apoiar. Que competências são essas?

1. capacidade de ouvir – ouvir mais do que falar; e

2. capacidade de fazer as perguntas certas.

Tudo isso, segundo João, "foi um teste para a arrogância típica do mundo executivo". João continua: "O mais difícil foi mudar completamente a linguagem, que nesse setor é muito diferente da usada no setor financeiro. A lógica do setor também é diferente, e eu tive o desafio de ganhar credibilidade nas equipes, o que era quase natural no setor em que eu construí minha carreira".

Não existe vácuo de poder

O Dirigente considera corretamente a hierarquia da organização (nem mais nem menos) e investe nos mecanismos de coordenação horizontal e vertical – trabalhos em equipe e comunicação sem deixar vácuos que, aliás, na prática não existem. Se alguém deixa vácuo – o poder é sábio... –, alguém ocupa. O Dirigente toma decisões com base na análise racional dos fatos, mas não só nisso. Leva em conta a sua intuição, considerando as expectativas, os sentimentos e as necessidades das pessoas, da empresa e da sociedade. Cria um ambiente organizacional orientado para transformar as forças antagônicas em energia de desenvolvimento, preparando as pessoas para compreender e enfrentar os desafios que as envolvem.

Foi o que fez Paulo Kakinoff quando assumiu a presidência da Gol Linhas Aéreas, em julho de 2012.

Kaki, como é chamado na companhia, nasceu no ABC, lugar de muitas indústrias automobilísticas. Cursou Tecnologia Eletrônica no segundo grau e esse conhecimento se mostrou uma vantagem competitiva para a sua carreira. A indústria automobilística iniciava a implementação de injeção eletrônica nos carros, além da ampla modernização tecnológica dos automóveis, no começo da década de 1990. Essa vantagem, aliada às suas competências de entregas consistentes, permitiu a ele uma carreira veloz. Estagiário em 1993-1994, consultor em seguida por um ano e meio e funcionário da Volkswagen do Brasil entre 1996 e 2007, *Kaki* teve uma promoção por ano, chegando a Diretor de Vendas & Marketing, e foi expatriado para a Alemanha, onde ficou por dois anos, até 2009, cuidando da região da América Latina. Em 2009 foi CEO da Audi. Em 2010 recebeu de Constantino Júnior o convite para ser conselheiro da Gol, de onde saiu para ser o Presidente da companhia em julho de 2012.

Como Dirigente, *Kaki* concilia a competência objetiva, que inclui todas as técnicas disponíveis e foi adquirida na sua formação desde muito jovem, com suas experiências na competência pessoal, desenvolvida por meio das experiências ao longo da sua história e turbinada com a aprendizagem para lidar com as emoções diante das crises. Na Volkswagen, gerenciou a crise na distribuição e no desenho da rede de concessionárias. Na Audi, administrou os problemas de posicionamento da marca. E na Gol assumiu a presidência quando a empresa enfrentava forte crise de resultados financeiros após um período de crescimento e de extraordinário sucesso desde a sua criação.

Naquele momento, a Gol "pagava para voar": os custos estavam tão mais altos do que as receitas que era mais barato deixar o avião no hangar do que cumprir um dos quase mil voos diários. A capacidade de interlocução e compreensão de *Kaki* no diálogo com as diferentes partes, fossem fornecedores, clientes ou outros *stakeholders*, ajudou a Gol a sair da crise. Importante também dizer que a competência do Dirigente está em reunir uma equipe talentosa: Celso Ferrer e Edu Bernardes o acompanharam por muitos anos. Em determinado momento se reuniram ao time Richard Lark e Sergio Quito, que se aposentou e também deixou sua marca. Carla Fonseca passou a compor o time, representando a Smiles em um processo de aquisição que está em curso. No grupo de diretos do *Kaki* ainda estão seis Diretores como Jean Carlo Nogueira, *Head* de Gente & Cultura, grande parceiro da BTA no projeto de transformação cultural, cuja evolução ao longo dos anos foi extraordinária. Mas não apenas com os liderados a cumplicidade positiva se estabeleceu.

O mesmo ocorreu com Constantino Júnior, seu líder, Presidente do Conselho da Gol e fundador da empresa. Aliás, aqui valeria um capítulo sobre o bem-sucedido processo de sucessão. Tais processos fazem parte da competência dos Dirigentes, com D maiúsculo. E essa sempre foi também a premissa de *Kaki* no preparo da sua sucessão, em todas as posições que ocupou, inclusive na presidência da Gol, processo cuidadosamente planejado por três anos. Anunciado o novo presidente, Celso Ferrer, em 15 de maio de 2022, inicia-se um processo de transição, também planejado, que se estende até 1º de julho do mesmo ano, quando *Kaki* passa a ser conselheiro da empresa.

Outra competência do Dirigente é o forte senso de realidade, causa e consequência de sua abertura para dialogar.

Em sua carreira, *Kaki* se surpreendeu com a distância que executivos seniores de grandes empresas mantinham da base. O que chegava à base não representava a estratégia da organização. Os projetos chegavam distorcidos. Viu muitos executivos apaixonados por suas empresas subestimarem os seus interlocutores e não ser capazes de ouvi-los e compreendê-los. Confortáveis com o *glamour* do cargo, muitos não percebem quando a empresa entra no subdesempenho satisfatório, vive da sua imagem, do seu "cheque especial". Essa cegueira é um passo para o fracasso.

Quando assumiu o leme da Gol, *Kaki* sentiu o mesmo problema. A empresa se fez com o lema de ser a companhia aérea com menores preços, de forma a dar acesso a todos. Essa estratégia seria copiada pelas concorrentes, mas um tremendo sucesso sempre dificulta a percepção da necessidade de mudança ou de prevenção contra tempos difíceis.

E como *Kaki* foi capaz de ver o risco? O fato de não ter crescido no mercado da aviação, nem na Gol, pode ter ajudado, mas o senso de realidade, a parceria com o seu time de diretos e a mobilização da organização como um todo são os seus maiores recursos. Não se pode descansar com o sucesso. "A performance boa é a antessala do ocaso", costuma repetir. "É preciso celebrar o êxito, mas devemos ter cuidado." Também contribuiu para a sua percepção antecipada do risco a capacidade de combinar o que a empresa faz bem, o lado sol, com uma agenda de correção do que não faz bem, o lado sombra. Cabia a *Kaki* o desafio de, junto com a equipe, manter o seu sol, a cultura de baixo custo, a cultura de segurança, a simplicidade desenvolvida ao longo do tempo, desde a criação da empresa, e ao mesmo tempo preparar-se para a concorrência acirrada e construir as bases para as necessárias transformações.

As boas parcerias no topo fazem toda a diferença e preparam os próximos ciclos da empresa, os próximos ciclos de carreira dos executivos e a sucessão de executivos de sucesso, sempre um desafio à parte. Celso, que em todo esse processo acompanhou *Kaki* de perto e fez com ele uma bela parceria, compartilha a visão sobre os riscos do subdesempenho satisfatório.

> Com uma carreira singular, passou por várias áreas da empresa – a financeira, a de planejamento, a de operações – e ainda é piloto da companhia. O próximo passo foi o de se tornar CEO da Gol.

Em processos de mudança de cultura, como veremos no quarto capítulo, há diferença entre transformar a essência da cultura e mudar a operacionalização dessa essência em todos os elementos do sistema organizacional.

> Na Gol, não foi suficiente colocar mais velas no barco. A empresa cresceu muito, a concorrência se apropriou de parte do que gerou o sucesso da Gol e era preciso estabelecer os pilares de um novo ciclo. A transformação teve de ser na essência, por um lado, e na recuperação da essência, por outro, por mais contraditório que isso possa parecer, e foi necessário desenvolver a cultura de servir, uma jornada que habilitou a Gol a recriar o seu sucesso e a lidar com os desafios tremendos que a pandemia do coronavírus trouxe para o setor aéreo.

2.3.2

COMPETÊNCIA DO DIRIGENTE: CULTIVAR O CHEIRO AGRIDOCE EM QUALQUER ESTAÇÃO

É a competência agridoce de Dirigentes como *Kaki*, *Fred*, Joana, João, Tereza e X que permite conciliar as medidas de racionalização com as necessárias iniciativas de revitalização. Esse tempero sintetiza as competências de gestão e de liderança, conciliando decisões duras, de racionalização, que denominamos de azedas – como demissões, fechamento de linhas de produtos, venda de empresas, não promoção de funcionários –, com ações que chamamos de doces, como as de apoio, desenvolvimento, mobilização e crescimento, que fazem com que os liderados se sintam partícipes de um projeto comum, parceiros de jornada. É a racionalização que disponibiliza os recursos, inclusive financeiros e humanos, para o crescimento. O foco exclusivo na produtividade, porém, cria um processo de degradação ao longo do tempo, drenando a energia capaz de impulsionar uma nova fase de crescimento.

A atuação agridoce concilia, pois, racionalização e revitalização, duas necessidades da empresa. O desempenho superior sustentado da organização é obtido quando se é capaz de administrar a tensão entre duas forças aparentemente contraditórias: a necessidade de melhoria permanente do desempenho operacional e da produtividade, por meio da racionalização constante das atividades existentes, e a necessidade de crescimento e expansão, pela revitalização contínua dos negócios, produtos, processos, estratégia, estrutura e pessoas, tudo isso amalgamado pela cultura. Enquanto a maioria dos Gestores considera que essas duas forças, essas duas dimensões, são mutuamente excludentes, o Dirigente as articula de forma dinâmica e temperada. Dirigir exige retirar as pessoas da zona de conforto. Não é possível agradar sempre. Cabe a ele subir a régua com a sabedoria de manter ou aumentar a inspiração que motiva a realização das metas. Ele deve ser agridoce.

> Gestor : tende a ser + agri
> Líder : tende a ser + doce
> Dirigente : tende a integrar o agridoce

Em situações de crise, é comum a empresa buscar medidas de racionalização, mas isso não deveria ser feito apenas nessas situações. Nos períodos de crescimento, as empresas se acomodam em relação a custos e "engordam", criando condições para que o subdesempenho satisfatório floresça. O subdesempenho satisfatório instala-se silenciosamente nas empresas bem-sucedidas: o executivo começa a se sentir o máximo, confortável, o "salto alto" chega e os próximos passos são certos: o desempenho piora, o número de desculpas e justificativas aumenta, a nota da "prova" cai de 9 para 8, 7, 6... e assim segue, de mansinho, quase que de forma despercebida. Até se passa na "prova", mas sem chance de construir valor como se poderia.

> Subdesempenho Satisfatório
> ⇆
> Dança silenciosa

Esse relaxamento na austeridade tem seu preço e impede que a empresa esteja enxuta quando a próxima crise chegar. O antídoto é o cheiro agridoce, que deve estar em cada porto, em qualquer estação (Figura 6).

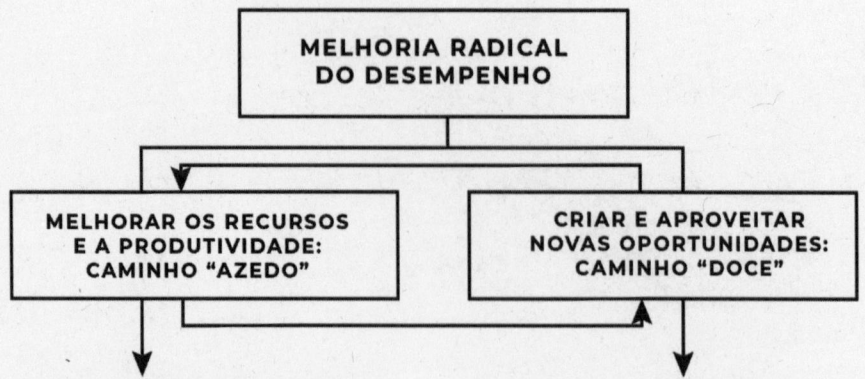

```
                    ┌─────────────────────────┐
                    │   MELHORIA RADICAL      │
                    │   DO DESEMPENHO         │
                    └─────────────────────────┘
                      │                    │
          ┌───────────▼──────────┐  ┌──────▼───────────────┐
          │ MELHORAR OS RECURSOS │  │  CRIAR E APROVEITAR  │
          │   E A PRODUTIVIDADE: │  │ NOVAS OPORTUNIDADES: │
          │   CAMINHO "AZEDO"    │  │   CAMINHO "DOCE"     │
          └──────────────────────┘  └──────────────────────┘
```

- Definir o melhor escopo do portfólio (eliminar atividades de baixo retorno)

- Melhorar a produtividade da mão-de-obra (receitas e lucros por funcionário)

- Aumentar a eficiência operacional (agilidade, velocidade, redução do desperdício)

- Melhorar o retorno sobre o capital empregado

- Administrar o impacto da tecnologia

- Criar condições para a inovação

- Não esqueça do cliente nem do colaborador

- Criar oportunidades de crescimento (novos produtos e mercados, aumento do *market share*)

- Construir competências (novas capacidades e novos recursos)

- Estimular a saudável ambiência organizacional

- Ampliar as capacidades organizacionais (revitalizar a organização e as pessoas)

- Administrar o impacto da tecnologia

- Criar condições para a inovação

- Não esqueça do cliente nem do colaborador

Figura 6: Ciclo agridoce
Fonte: Tanure, 2021.
Adaptada de Ghoshal; Tanure, 2004

2.3.2.1

MELHORIA RADICAL DE PRODUTIVIDADE: A CULINÁRIA AZEDA

Há uma característica comum em todos os casos de melhoria de desempenho realmente notáveis de empresas estabelecidas: todas elas conseguiram melhorar radicalmente a sua produtividade. Em cada caso, melhorias de eficiência foram acompanhadas de dor, mas os Dirigentes tiveram coragem de usar o remédio da culinária azeda sabendo que isso era precondição para o uso das delícias da culinária doce.

Dizer às pessoas que reduzam custos não gera entusiasmo: esse é um dos desafios da liderança. Executivos e colaboradores em geral acham, mesmo que não admitam explicitamente, que a redução de custos os prejudica e os obriga a trabalhar mais. Nas empresas de controle acionário definido, as pessoas supõem que os benefícios da redução de custos irão para o bolso do "dono". Elas por vezes não consideram o dado de que os controladores assumem riscos que executivos ou colaboradores não assumem.

Foco no portfólio e redução do número de pessoas são os dois elementos mais debatidos da culinária azeda, mas não são os únicos.

O segundo aspecto mais parece um lugar-comum, mas nem por isso deixa de ser menos verdadeiro: metas ambiciosas claramente estabelecidas tendem a ser mais eficazes do que pequenas metas incrementais. A MRV, por exemplo, historicamente estabelece metas ambiciosas. Já alcançou a posição de maior empresa do mercado imobiliário brasileiro e da América Latina, mas vislumbra sair da terceira para a segunda posição no *ranking* global do setor, atrás apenas da China Vanke, antídoto para a espiral descendente da racionalização. (Figura 7)

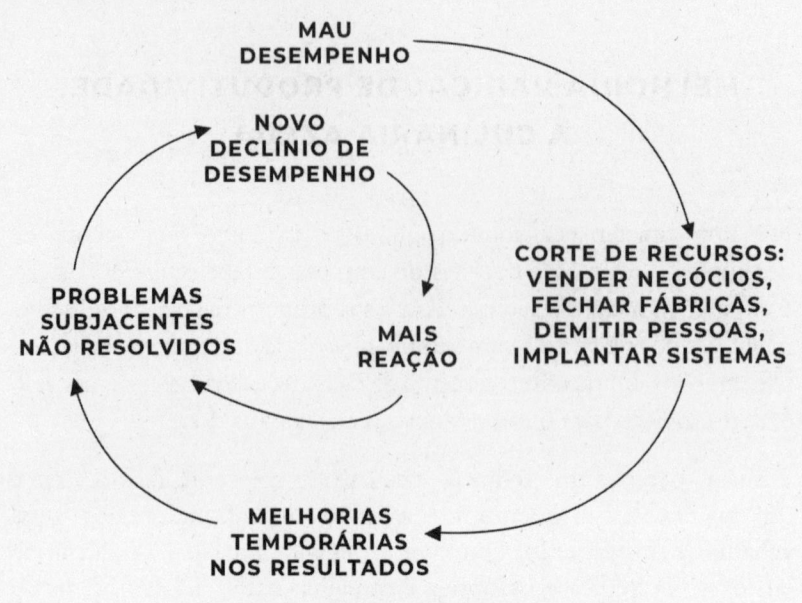

```
           MAU
       DESEMPENHO

         NOVO                           CORTE DE RECURSOS:
      DECLÍNIO DE                       VENDER NEGÓCIOS,
      DESEMPENHO                        FECHAR FÁBRICAS,
                                        DEMITIR PESSOAS,
  PROBLEMAS          MAIS               IMPLANTAR SISTEMAS
  SUBJACENTES       REAÇÃO
  NÃO RESOLVIDOS

              MELHORIAS
             TEMPORÁRIAS
            NOS RESULTADOS
```

Figura7: Espiral descendente da racionalização
Fonte: Tanure, 2021.
Adaptada Ghoshal; Tanure, 2004.[XII]

O desempenho da empresa piora. Para aumentar a rentabilidade, os executivos reestruturam seu portfólio, vendem alguns negócios, reduzem os investimentos em tecnologia, em equipamentos e em pessoas. A mudança radical de processos de trabalho é mais rara. O quadro é reduzido, os estoques são diminuídos, os pagamentos a fornecedores são atrasados. Consequentemente, os resultados financeiros melhoram, mas não por muito tempo. Os verdadeiros problemas não são resolvidos com os cortes e as reduções. O desempenho volta a piorar, desencadeando a próxima queda na espiral descendente.

Se uma lição-chave ensinada pela experiência corporativa em diversas partes do mundo é que nenhuma empresa consegue melhoria radical de desempenho sem transformar a produtividade. Outra lição igualmente importante é que nenhuma empresa consegue atingir tais resultados por meio apenas de melhorias de eficiência operacional. A culinária azeda é necessária, mas não suficiente.

O racionalizar, sozinho, é amargo
O rentabilizar, sozinho, é melado

2.3.2.2
CRIAR OPORTUNIDADES DE CRESCIMENTO: A CULINÁRIA DOCE

Para conseguir melhoria radical de desempenho, a empresa deve também aprender a criar e a aproveitar novas oportunidades de crescimento. Deve aprender a culinária doce, que inclui a criação de condiçõespara o crescimento do negócio, o que gera oportunidades para as pessoas crescerem, desenvolverem competências e carreira.

Aquisições, novas oportunidades de negócios, novas plantas... Todos adoram criar condiçõesde fazer crescer o negócio.

A culinária doce inclui também, do ponto de vista da liderança, o apoio ao desenvolvimento das pessoas, a escuta ativa e, a capacidade de reconhecer o *momentum* de cada um de seus liderados e exercer a liderança de forma situacional. Isso significa reconhecer a singularidade de cada liderado e liderar com base nessa singularidade. Em síntese, a liderança deve ser adaptada às necessidades individuais do liderado, e não o contrário. É tambem brutal a espiral do crescimento sem rentabilidade. As consequências de um longo período desse tipo de crescimento são simples, claras e brutais, como se pode observar na Figura 8.

ESPIRAL VIRTUOSA DO CRESCIMENTO RENTÁVEL

ESPIRAL VICIOSA DO CRESCIMENTO SEM RENTABILIDADE

Espiral virtuosa:
- Crescer com rentabilidade ROIC* > WACC
- Gerar caixa para sustentar Crescimento: da empresa (D/E* ↓)
- Maior atratividade para os investidores (preços das ações ↑, D/E* ↓, WACC* ↓)
- Maior capacidade de sustentar Crescimento: Potencial de investir, Liberdade estratégica
- Mais e mais liberdade (custo menor do capital)

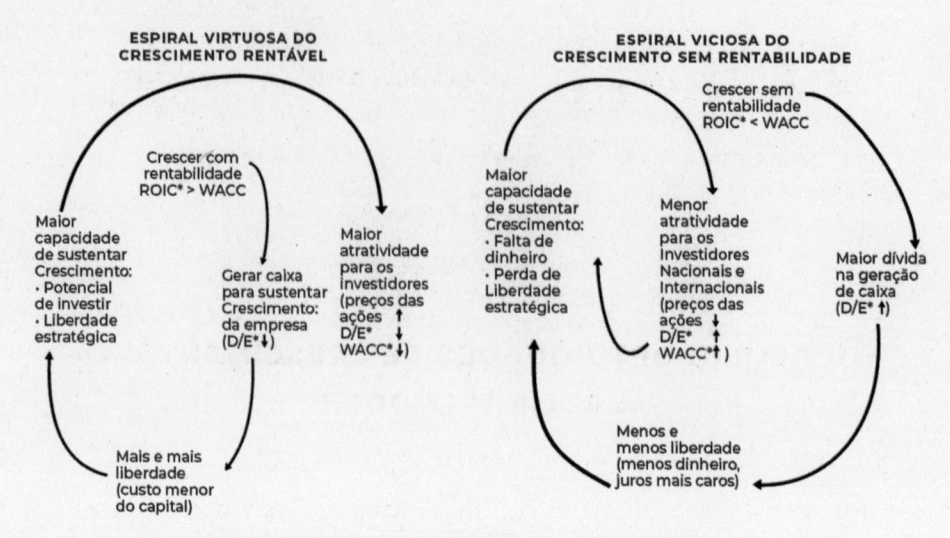

Espiral viciosa:
- Crescer sem rentabilidade ROIC* < WACC
- Maior dívida na geração de caixa (D/E* ↑)
- Menor atratividade para os Investidores Nacionais e Internacionais (preços das ações ↓, D/E* ↑, WACC* ↑)
- Maior capacidade de sustentar Crescimento: Falta de dinheiro, Perda de Liberdade estratégica
- Menos e menos liberdade (menos dinheiro, juros mais caros)

Figura 8. Espirais virtuosas e viciosas do crescimento
Fonte: Tanure, 2021.
Adaptada de Ghoshal; Tanure, 2004.
*ROIC: *return on invested capital*, ou retorno sobre o capital investido;
WACC: *weighted average cost of capital*, ou custo médio ponderado de capital;
D/E: *debt-to-equity ratio*, ou dívida/patrimônio líquido.

O crescimento rentável gera dinheiro em caixa, permitindo à empresa custear o crescimento adicional sem se endividar excessivamente e sem diluir demais a estrutura de capital. Consequentemente, ela tem a liberdade estratégica e potencial de investimentos. A valorização das ações sustenta o processo de crescimento, tornando mais viáveis as aquisições e reduzindo o custo do capital, ainda tão alto no Brasil.

Efeitos exatamente contrários são gerados pelo crescimento sem rentabilidade. Eles aumentam o endividamento da empresa, os custos dos juros e o custo geral do capital. Aos poucos, a empresa vai perdendo sua capacidade de buscar e aproveitar oportunidades de crescimento, por razões externas (desvalorização das ações e menor capacidade de endividamento) e internas (menores fluxos de caixa e aumento da demanda de capital).

Para combinar adequadamente esses temperos, é preciso analisar o perfil da liderança. Alguns executivos se sentem mais atraídos pelas reestruturações, pela gestão com uso da culinária azeda. Outros preferem a doce. São poucos os que conseguem gerenciar esse paradoxo de forma inclusiva, e não exclusiva (e, não ou). Essa é apenas mais uma razão para que se ponha em xeque o papel do executivo "super-herói", demonstrando uma competência que não pode faltar na montagem das equipes: a lucidez de que "ninguém é perfeito, mas uma equipe pode ser".

2.3.2.3
O AGRIDOCE NAS EMPRESAS BRASILEIRAS: COMPETÊNCIA E CULTURA AINDA TÍMIDAS

É raro o equilíbrio agridoce: entre as 500 melhores e maiores empresas brasileiras, a proporção daquelas que, nos últimos anos, afirmaram ter esse tema em pauta ficou entre 6% e 10%. Um percentual diminuto! A maior parte delas concentra-se ou na racionalização ou na revitalização, e isso significaque as competências ainda não estão integradas em nível de Dirigente (Tabela 1).

Esse percentual é consistente com outra pesquisa que fizemos (pág. 92), a qual revela que 7% são Dirigentes, apenas 7%.

Tabela 1. Ações doces e ações azedas nas empresas brasileiras

Ações da empresa	2016	2017	2018	2021
Ações doces (revitalização/ampliação)[9]	30%	43%	59%	53%
Ações azedas (racionalização/redução)[10]	70%	57%	41%	47%
Ações agridoces (azedas e doces ao mesmo tempo)	8%	6%	10%	8%

Fonte: BTA, 2021.

É importante atentar para a baixa ação agridoce (8% em 2021): mais do que nunca, em situação de crise é fundamental ser *agri* e doce ao mesmo tempo.

> No processo de transformação cultural, as competências dos executivos e os traços culturais são alavancados. Antes da pandemia, a Gol tinha uma frota de 134 aeronaves e eram realizados mais de 800 voos por dia, transportando-se ao longo de um ano aproximadamente 35 milhões de pessoas. Durante a pandemia a frota foi preservada, assim como o número de colaboradores. A receita no período de isolamento social reduziu-se para 8% do que era antes. O faturamento caiu de 1,1 a 1,4 bilhão de reais por mês para um patamar de 60 a 70 milhões de reais. Com medidas

---

[9] Revitalização: exemplos como abrir unidades, ampliar investimentos, contratar e desenvolver pessoas, diversificar os negócios, realizar fusão ou aquisição, participar de aliança ou *joint venture* estratégica, centralidade no cliente, inovação.

[10] Racionalização: exemplos como fechar unidades, adiar investimentos, reduzir o número de colaboradores, reduzir o foco dos negócios, entrar em recuperação judicial e terceirizar processos ou áreas.

> mitigatórias, negociação com todos os seus *stakeholders*, postergação de pagamentos e toda uma gestão de crise semelhante à de uma empresa em recuperação judicial, a Gol restringiu drasticamente as despesas de caixa com a urgência necessária. A folha dos colaboradores caiu de 180 milhões de reais por mês para cerca de 80 milhões. Com as lideranças, as pessoas e a cultura amalgamadas pelo Propósito, esse duro ajuste se deu em um ambiente de negociação, confiança e credibilidade. A paixão pela aviação, presente no início da jornada de transformação cultural da Gol, agora tem o cheiro da paixão pela empresa. O preço desse ativo é incalculável e mostra seu valor em um contexto de mares revoltos e ventos de tempestade: "Estamos exercitando o senso de dono no limite", diz Celso Ferrer. "Estamos vivos e sólidos porque fizemos um processo de transformação cultural a partir de 2015, não tenho dúvida", afirma *Kaki*, secundado ainda por Celso e por Edu.

Do ponto de vista cultural, é preciso desenvolver essa competência e ter como princípio que a escolha entre racionalizar e revitalizar não é um dilema, ou melhor, não pode e não deve ser um dilema. Somente assim o barco poderá enfrentar águas turbulentas, maremotos ou ondas calmas. Essa é uma competência a ser desenvolvida em três níveis: individual, como abordado neste capítulo; pela equipe, conforme consta no capítulo três; e no que se refere à cultura, como abordado no capítulo quatro.

É preciso racionalizar (agri) e revitalizar (doce) ao mesmo tempo. Agridoce é palavra, ciência e arte – ao mesmo tempo.

2.4
A CONSTRUÇÃO DE PONTES: ATUAÇÃO DO ESTADISTA EM PROL DO BEM COMUM

"*O rio que passa na sua aldeia não nasce nem deságua só na sua aldeia. Ele traz tudo de onde já passou e leva todo o tratamento que recebeu na sua terra.*" Guilherme Leal, um dos fundadores da Natura, assim explica a importância de integrar a preocupação que se tem com a sustentabilidade à geração de oportunidades de negócio e a processos inovadores. Ao lado de Luiz Seabra e Pedro Passos, formou um triunvirato que projetou a Natura para outro patamar de atuação empresarial. As primeiras quatro décadas de vida da Natura foram extraordinárias.[XIII] Atualmente, a dimensão do seu desafio mudou. Depois de comprar a gigante Avon, multinacional com mais de 130 anos de história, a Natura &Co passa a ser líder global em vendas diretas, com cerca de 6,3 milhões de consultores. Como testemunha a primeira autora deste livro, o posicionamento socioambiental da Natura desde o início da década de 1990, quando a empresa era bem pequena e o tema ainda não estava na ordem do dia, se faz presente também neste novo contexto, como legado do triunvirato original. É assim que a empresa constrói e reconstrói a sua história ao longo de décadas e tem o reconhecimento de ser uma instituição admirada pela sociedade – desafio permanente, sobretudo em tempos em que muitas pessoas novas chegam ao poder e se fazem aquisições importantes.

O desafio de uma organização que mudou de patamar com um conjunto de aquisições como Avon, Aesop e

The Body Shop é ter competência para interpretar a sua história e construir o seu futuro lastreada na essência, como revela João Paulo Ferreira, Presidente da Natura &Co Latam. Esta é a única parte do mundo em que a empresa opera os quatro negócios. Tal mudança de patamar é uma oportunidade para que a sua vocação e a sua atuação estadista se multipliquem, buscando-se o bem comum em escala mundial. É assim o que a Natura foi se transformando, ao longo da sua história, em uma instituição à frente do seu tempo. A empresa tem de se manter extraordinária, diferentemente do que ocorre com as grandes e boas multinacionais. Esse foi o desafio de Roberto Marques no período em que foi Presidente Executivo do Conselho de Administração, entre 2017 e meados de 2022. Em junho de 2022, com os reflexos da pandemia, da jornada de integração, Fabio Barbosa assume o cargo de Presidente Global, com o mandato de transformação. Nas palavras dele: "A mudança de estratégia foi pensada porque existe uma preocupação do que se pode fazer para a Natura recuperar seu crescimento. A empresa sofreu com a questão da covid-19 e coisas do gênero, e com externalidades, o que afetou nossos resultados. A estratégia que vinha sendo montada, de buscar as sinergias, norteou os primeiros anos das aquisições. Agora isso fica em segundo plano. Onde foi possível capturar oportunidades de sinergia, isso foi feito. Percebemos, porém, que estávamos insistindo em uma busca de sinergias e perdendo o foco em cada um dos negócios. É preciso tornar a empresa mais simples para que ela possa voar". Fabio Barbosa foi membro do Conselho de Administração da Natura por seis anos. É um executivo reconhecido por seus valores e por sua competência em integração. Foi, aliás, junto com os autores deste livro, coautor de uma obra sobre o processo de aquisição do Banco Real/ABN/Santander.

> Na Natura, o foco de Fabio e dos outros Presidentes – João Paulo Ferreira, Presidente da Natura &Co Latam; Michael O´Keeffe, Presidente da Aesop; David Boynton, Presidente da The Body Shop; e Angela Cretu, Presidente da Avon – é a combinação do fortalecimento da essência, uma robusta estratégia corporativa e a estratégia de cada negócio, com autonomia e *accountability*, aliadas a uma estrutura global leve. Sob a inspiração dos fundadores, esses Presidentes têm o desafio de, junto com os seus times, manter vivo o legado de Luiz, Guilherme e Pedro. "Ouvir a voz do coração é o que faz a Natura ser Natura", enfatiza Luiz Seabra. Vocal na transformação do negócio e na preservação da essência da empresa, Pedro Passos diz: "Tenho convicção de que, para alçar voos cada vez mais altos, precisamos ser sustentados pela essência da Natura, que acolhe e integra a essência de Aesop, Avon e The Body Shop". "Se não continuarmos a ter a essência que nos diferencia, na construção de um mundo melhor, não vale a pena", completa Guilherme.

Ter competência política é ter atuação cidadã, o que exige perceber-se como parte integrante de um todo maior e ser capaz de construir pontes. A ponte representa aquilo que permite a passagem de uma margem à outra. Graças a ela, "agora caminhamos na outra margem", poetizou Octávio Paz.

O Dirigente Estadista vê além do rio e constrói a ponte. Ele ajuda na travessia, une os dois lados, concilia os que estão em lados opostos, aproxima os que estão à margem. Como ponte, se faz pontífice, aquele que realiza a intermediação, que une os contrários e permite a passagem da sombra à luz, da ignorância ao conhecimento, da dúvida ao esclarecimento. Esse é o papel do Estadista: ajudar na travessia, mediar, fazer-se meio entre duas margens.

O Dirigente Estadista vai além do rio e constrói pontes

É bem verdade que são raros os Dirigentes Estadistas no Brasil: 5%, segundo nossas pesquisas. E por que são tão poucos? Consideramos que a grande maioria dos executivos se perde em armadilhas que os impedem de exercer a competência de Estadista e, assim, fazer a boa política. Reconhecemos, no entanto, um desejo crescente do empresariado em ampliar sua atuação como Estadista. Esse é o primeiro passo: querer. Pouco se sabe, ainda, sobre como fazer para tornar concreto esse desejo.

Três armadilhas contribuem para essa lacuna na formação dos Dirigentes: o ego inflado, a dificuldade de formar alianças do bem e o foco exclusivo ou quase exclusivo, em resultados objetivos, sobretudo de curto prazo.

Cuidado:
- ego à vista
- as alianças são do bem?
- resultados só $ não são admiráveis!

O ego inflado é o primeiro ponto a ser cuidado, e a vigilância é fundamental para não se deixar seduzir pelo *entourage*. Aquele executivo que se vê como "todo-poderoso" tem, muito provavelmente, em alguns momentos, a sensação de que a capacidade de decidir é inteiramente sua. Ele até pode centralizar as decisões, mas se não influenciar verdadeiramente os outros, a implementação ficará, no mínimo, truncada.

Tudo isso se amplia diante da dificuldade de discordar de quem está no poder. Muitos acreditam que expor ao timoneiro qualquer divergência leva a discussões, prejudica as boas relações. A tendência natural é confundir diferenças profissionais com desafetos. Além disso, falta experiência em influenciar, de forma republicana, o entorno. Essa situação é agravada pelo medo de retaliação objetiva ou emocional. Medo e coragem formam um binômio fundamental. A coragem é um antídoto contra o medo, e raramente os profissionais se sentem à vontade para falar desse binômio, pois temem demonstrar alguma fraqueza. Engano: revelar as fraquezas é sinal de força!

A segunda armadilha diz respeito à incapacidade de ouvir e formar alianças verdadeiras e do bem. É comum que, enquanto o outro fala, as pessoas estejam mais preocupadas em elaborar o argumento certo para, na sequência, rebater as opiniões do "adversário" e ganhar a discussão. Esse comportamento vai contra o exercício da boa política e acirra a vontade das partes de que se eleja um "ganhador". À medida que você se dispõe a compreender o outro, aumenta significativamente a chance de influenciá-lo e de ser influenciado por ele. Isso significa, na maioria das vezes, abrir mão da sua posição original. Para isso é necessário, também, não ter o ego inflado, o que permitiria, por exemplo, construir uma terceira posição que represente a melhor alternativa para todos.

A terceira ameaça à competência de Estadista é ter como grande prioridade os resultados objetivos de curto prazo. É inegável que os resultados objetivos, financeiros, são prerrequisitos de sobrevivência da empresa. O que defendemos aqui é que o foco apenas nos resultados de curto prazo não garante o sucesso da organização no longo prazo. A realidade de hoje é mais complexa: é preciso orquestrar, ao mesmo tempo, o que chamamos de resultados empresariais, e isso significa buscar o equilíbrio das diversas dimensões do negócio. É aqui que os princípios de *environmental, social and governance* (ESG) se enquadram, é aqui que o Dirigente Estadista floresce.

As discussões sobre ESG se aqueceram no Brasil, mas, ainda estão na prática em seus primeiros passos. Uma pesquisa realizada pela BTA em novembro de 2021 com executivos de empresas do grupo das 500 *Melhores & Maiores* do Brasil, confirma isso:

- ✓ Uma proporção significativa dos respondentes (62%) concorda que o mercado pressiona por essas práticas.

- ✓ Mais preocupante, 88% concordam que as práticas de ESG favorecem mais a reputação da empresa do que seus resultados.

- ✓ Em seu lado sol, os resultados mostram, por exemplo, que metade das empresas se preocupa com ESG e que em torno de 80% contribuem, de algum modo, para a preservação do ambiente e atuam na mitigação dos impactos de sua atuação.

- ✓ Enfim, esse é um campo em que ainda precisamos avançar, e é fundamental que as empresas não somente acompanhem as mudanças da sociedade e do próprio mercado como também as liderem.

O Magalu tem Luiza Helena Trajano na direção do seu Conselho de Administração e como CEO Frederico Trajano, ou *Fred*. A primeira autora deste livro é conselheira. Luiza e *Fred* formam uma dupla diferenciada. Um tem a capacidade de lidar de forma mais natural com o emergente, com situações que, para muitos, representam o caos, enquanto o outro se identifica mais com o trabalho de estruturação. Suas competências objetivas e subjetivas são lastreadas em um forte e inegociável propósito. A beleza singular da dupla, que mescla o frescor da idade do *Fred* com a experiência da Luiza, está na sua complementaridade, está nas conversas claras, nem sempre fáceis, mas invariavelmente dirigidas pelo olhar do bem comum, está na rara capacidade de transferir a característica Estadista do indivíduo para a empresa, para a cultura da empresa, tema do nosso quarto capítulo. Não ache que é fácil: discordar de pessoas fortes sempre exige, além da competência objetiva, a firmeza de caráter e um bom nível de serenidade, requisitos indispensáveis em discussões duras e honestas.

A capacidade de transformar problema em oportunidade, o que Luiza chama de "cabeça de solução", é uma qualidade que, segundo ela, depende de "ginástica", ou seja, quanto mais exercitada, mais se desenvolve. Tem a "antena" ligada, pergunta para quem sabe, até mesmo, ou especialmente, para quem não tem cargo gerencial. Ela sabe que essas pessoas têm uma perspectiva diferente, seja dos fatos, seja das consequências das decisões.

Orientada pelo norte magnético da bússola, a premissa da honestidade, Luiza acredita que a verdade não é problema, é solução. Valoriza suas qualidades femininas, como a intuição e a espiritualidade. Como Dirigente, tem a competência de trazer para a equipe pessoas com qualidades complementares às suas. Sua sensibilidade social e sua capacidade de fazer-se ponte a tornam uma Dirigente Estadista, o que traz à lembrança um aforismo chinês: "O um gera o dois, o dois gera o três e o três gera todas as coisas".

Luiza atuou como Dirigente Estadista quando liderou a criação, em 2013, do Grupo Mulheres do Brasil, formado por executivas, profissionais de setores diversos, entre elas a primeira autora deste livro, que foi também uma das fundadoras do movimento. O Grupo Mulheres do Brasil está aí, em todo o Brasil e em vários países, com mulheres de diferentes classes sociais, gerando soluções concretas e ampliando a consciência do papel da cidadania e da sociedade civil nos rumos da nação.

A partir das ações do Mulheres do Brasil, em janeiro de 2021, em meio ao caos da pandemia, Luiza articulou com algumas dessas Mulheres, entre elas a primeira autora deste livro, e com o Instituto de Desenvolvimento de Varejo (IDV) o movimento Unidos pela Vacina. Essa ação envolveu a sociedade civil em torno do ousado propósito de vacinar 75% da população até setembro de 2021. No grupo nuclear do movimento, além de Luiza estavam Marcelo Silva, Presidente do IDV, e a primeira autora deste livro, assim como os empresários Chieko Aoki (CEO do Blue Tree), Eduardo Sirotsky Melzer (CEO da EB Capital), João Carlos Brega (CEO da Whirlpool), Maria Fernanda Teixeira (Conselheira), Paulo Kakinoff (CEO da Gol), Pedro Wongtschowski (Presidente do Conselho do Grupo Ultra), Sonia Hess (Conselheira) e Walter Schalka (CEO da Suzano), entre tantos outros que tiveram participação ativa.

A sociedade civil se fez presente além do núcleo central. Nos estados houve duplas formadas por um empresário e uma Mulher do Brasil, que representaram o Unidos pela Vacina no seu estado. Eles fizeram um belíssimo trabalho a exemplo de Rafael Menin (CEO da MRV) e Patrícia Tiensoli em Minas Gerais, Rodrigo Galindo (Presidente do Conselho de Administração da Cogna) e Alexandra Segantin em São Paulo, Arthur Grynbaum (VP do Conselho do Boticário) e Regina Arns no Paraná, Janete Vaz (fundadora do Sabin) e Daniela Holanda no Distrito Federal, Pedro Moura (membro do Conselho de Administração da Baterias Moura e Presidente da Viana & Moura Construções) e Roseana Faneco em Pernambuco, Guilherme Lencastre (CEO da Enel Brasil) e Ariane Fiori no Rio de Janeiro, entre tantos outros. Apoiando o Programa Nacional de Imunização (PNI) nas suas três instâncias (federal, estadual e municipal), o movimento mapeou as necessidades de todos os municípios brasileiros e trabalhou para eliminar problemas que interferiam no processo de vacinação e geravam rupturas. Além disso, trabalhou-se intensamente para a viabilização do acesso a vacinas no Brasil e para a aquisição delas de acordo com as regras do PNI. Esse movimento, de caráter apartidário e focado em soluções, olhava para a frente e nunca apontava culpados. Temos muita esperança de que movimentos bem-sucedidos como esse — que beneficiou diretamente mais de quatro mil municípios, com recursos da ordem de 60 milhões de reais, sempre articulados e originados na sociedade civil — estimulem esse traço de Estadista, até então pouco presente no ambiente empresarial brasileiro, como revelam nossas pesquisas.

Mulheres do Brasil e Unidos pela Vacina: a voz e a ação da sociedade civil para o bem comum

A competência política do Dirigente Estadista o faz protagonizar e cooperar no plano comunitário, de início tendo o próprio grupo de trabalho como objeto de atuação e posteriormente ampliando-o para toda a sociedade. O Estadista depende da sua tripulação para realizar, para interagir com outros grupos, para tornar os resultados de sua ação exponenciais. Veremos essa dimensão com maior detalhamento no capítulo seguinte, ao tratar da dimensão da equipe.

No âmbito da pessoa, foco deste capítulo, a atuação do Dirigente Estadista na empresa e pela empresa acaba por fazê-lo reconhecido na sociedade em um nível que ultrapassa o organizacional, e até mesmo o do seu setor na economia. Esse reconhecimento da sociedade, associado às suas convicções éticas e à enorme capacidade de realização, é o seu poder de referência – que se traduz na capacidade da pessoa de exercer e ampliar sua influência, independentemente do cargo que ocupa. Além de usar suas bússolas internas para se orientar, o Dirigente Estadista acaba servindo de bússola para seus liderados, extrapolando as fronteiras da própria empresa.

Vê-se, portanto, que, a partir da sua consciência elevada e da prática de ações cidadãs, o Dirigente Estadista expande os seus limites de atuação para além dos limites da sua vida pessoal e da sua organização. Seu trabalho está a serviço do seu propósito e o seu propósito está a serviço do seu trabalho. O Dirigente Estadista consegue que sua causa contagie as pessoas da sua equipe. E arrasta, com o coração e a elevação de seus propósitos, todos aqueles que compartilham o desejo de que a empresa seja mais do que um bom negócio. As pessoas se sentem orgulhosas de ter um Dirigente com visão de Estadista. Sentem orgulho de segui-lo e de contribuir para a construção de uma sociedade melhor para um maior número de pessoas.

> Temos outros exemplos muito relevantes de ações estadistas de empresários, das quais a primeira autora deste livro faz parte. Uma delas foi um movimento chamado #vocemudaobrasil, de caráter político-apartidário e que nas eleições de 2018 visava aumentar o nível de consciência do eleitor. Fazer escolhas conscientes

é o grande desafio do cidadão, independentemente de suas preferências pessoais. Esse grupo interagiu durante dois anos, de forma recorrente, com a então Presidente do Supremo Tribunal Federal, Carmen Lúcia Antunes Rocha. Com o objetivo de aproximar os dois mundos para o bem do Brasil e sem uma agenda setorial nem individual, essa interação mostrou-se muito efetiva como aprendizagem mútua e para a compreensão das diferentes perspectivas a serem consideradas quando se visa o bem comum. Contou com empresários como Candido Bracher (Itaú Unibanco), Carlos Jereissati (Iguatemi Empresa de Shopping Centers), Décio Silva (Weg), Eduardo Mufarej (RenovaBR), Eduardo Sirotsky (EB Capital), Eugênio Mattar (Localiza), Flávio Rocha (Riachuelo), Jefferson de Paula (ArcelorMittal Brasil), João Miranda (ex-Presidente da Votorantim), Luciano Huck, Luiza Trajano (Magazine Luiza), Maria Silvia Bastos Marques (Goldman Sachs do Brasil), Nelson Sirotsky (Grupo RBS), Paulo Kakinoff (Gol Linhas Aéreas), Pedro Bueno (Dasa), Pedro Passos (Natura &Co), Pedro Wongtschowski (Grupo Ultra), Ricardo P. Botelho (Energisa), Rubens Menin (MRV Engenharia) e Walter Schalka (Suzano).

O Instituto Minas pela Paz, que teve origem em um grupo coordenado pela primeira autora deste livro, é outra iniciativa do empresariado mineiro. Entre os seus projetos está o de uma organização denominada Associação de Proteção e Assistência aos Condenados (APAC), um sistema prisional sem armas e sem guardas que, considerando-se as estatísticas imprecisas nessa área, custa em torno de 20% *per capita* do montante gasto pelo sistema comum e mostra resultados muito superiores: reabilitação cinco vezes maior. Vamos nos aprofundar neste exemplo na página 201.

Um dos desafios dos Dirigentes Estadistas é transferir essa competência para a Equipe, para a Cultura e para os sucessores.

> Aliás, em se tratando de sucessão e complementaridade de perfil, a MRV&Co é um belo exemplo. Rubens Menin, fundador, uma liderança forte, Estadista, faz a sua sucessão na MRV&Co para o filho Rafael Menin e o sobrinho Eduardo Fisher. Esse movimento inclui ainda a importante participação da sua filha Maria Fernanda Menin como Diretora Jurídica e na sequência como membro do Conselho de Administração, função também desempenhada pela primeira autora deste livro.
>
> Vale ressaltar alguns pontos. Na sucessão do fundador exige-se evidentemente a competência objetiva, mas a subjetiva e a de caráter político são fundamentais. A competência política a que me refiro é aquela recheada de intencionalidade positiva, sem dar espaço para a terrível politicagem presente em alguns ambientes.
>
> Rafael e Eduardo, ambos da mesma geração de Maria Fernanda, são exemplos dessa integração de competências, tão necessária para o processo sucessório e mais ainda quando há copresidentes, como é o caso de Rafael e Eduardo. É na prática, é no cotidiano, que a sucessão de uma figura mítica como Rubens acontece. Embora ele não concorde com o adjetivo, essa é, de fato, uma característica de alguns empresários bem-sucedidos que exercitam, ao longo da vida, a sua competência empreendedora, a sua competência em gerenciar riscos, administrar incertezas e, sobretudo, exercer o seu papel de estadista em um país que tanto precisa. E essa

> característica é, hoje, fonte de orgulho para os milhares de colaboradores de empresas como a MRV&Co.
>
> Aliás, o empreendedorismo de que o Brasil tanto precisa é também um exemplo da atuação dessa família no Inter, na Log e na CNN Brasil.

O Estadista modela o ambiente no qual sua empresa está

Resumindo, o Estadista tem a responsabilidade de ir além de suas próprias ações. O Estadista constrói sua sucessão com competência singular. Constrói pontes. Sua empresa não precisará carregar o barco pela margem para chegar ao melhor ponto da travessia, e muitos outros não terão de gastar toda essa energia. Todos poderão usar a ponte. O Estadista vê além do próprio rio. Sabe que todas as águas deságuam no mar, reconhece a unidade de todas as coisas e a dependência recíproca de tudo o que existe. Ele vê globalmente e atua localmente a partir da sua realidade e do seu poder de referência. Seu legado são as pontes que construiu pelo caminho nos rios e mares em que navegou, sempre atento ao seu próprio desenvolvimento, ao desenvolvimento da sua equipe, da cultura da sua organização e da sociedade, de forma ampla.

O Estadista cria condições para a sustentabilidade de suas ações, portanto, articula o desenvolvimento nas três dimensões (indivíduo, equipe e cultura) de forma integrada.

3
A TRIPULAÇÃO

3
A TRIPULAÇÃO

No capítulo anterior tratamos o executivo como o timoneiro do barco e focamos o desenvolvimento da liderança, ou seja, da pessoa. Nosso foco agora é a tripulação, as Equipes responsáveis por governar a embarcação. Ao longo da nossa jornada, como abordado na pág. 107, constatamos a tese que deu título a um artigo da primeira autora deste livro: "Ninguém é perfeito, mas uma Equipe pode ser".[11] [XIV] O trabalho coletivo é potencialmente muito superior ao trabalho individual.

Neste capítulo, fazemos uma distinção importante entre Grupo, Time e Equipe, os estágios do desenvolvimento coletivo. Para isso, utilizamos âncoras, que são os critérios de caracterização de cada um desses estágios. Símbolo de firmeza, força, tranquilidade e esperança, a âncora permite ao barco manter temporariamente a posição desejada por meio da sua fixação em fundos rochosos, lodosos ou arenosos. O lado sol dessa função é a possibilidade de fornecer proteção em momentos de águas turbulentas, conferir estabilidade e esperança em momentos de tempestade. Seu lado sombra é o fato de fixar o barco ao solo em situações em que ele deveria continuar navegando. Nesse caso, confunde-se esperança com espera. O barco fica a esperar em vez de "esperançar". O segredo é saber a hora certa de ancorar o barco e a hora certa de suspender a âncora e zarpar mar adentro. Ela pode dar estabilidade assim como pode dificultar a evolução. Momentos de ancoragem são importantes para recuperar o prumo e tomar o rumo certo, mas não podem se transformar em paralisias que impedem o barco de deixar o cais.

As âncoras e os motores serão apresentados nos diferentes estágios de desenvolvimento citados – Grupo, Time e Equipe –, com os respectivos fatores determinantes desse desenvolvimento, em seus lados sol e sombra.

---

[11] TANURE, Betania. Ninguém é perfeito, mas uma equipe pode chegar perto. *Jornal Valor Econômico*, São Paulo, p. D16 - D16, 01 abr. 2011.

3.1
OS ESTÁGIOS DO DESENVOLVIMENTO COLETIVO: GRUPO, TIME OU EQUIPE. ONDE VOCÊ ESTÁ?

Os Grupos representam o estágio primário de funcionamento. As pessoas estão no mesmo barco, cada uma por uma razão particular, sem a consciência do destino coletivo ou do seu papel na dinâmica do conjunto. Atuam baseadas em interesses individuais ou ficam à mercê daquele que assume a função de comandar a embarcação: seguem ordens, atuam contra quem está no comando, fingem obediência. O resultado do Grupo é inferior à soma dos resultados individuais.

Os Times inauguram a maturidade de uma formação coletiva. Seus membros estão conscientes do motivo de estarem reunidos no mesmo barco, embarcados no mesmo projeto, mas ainda não atingiram o devido entrosamento de todas as suas competências. Isso faz com que os resultados sejam a expressão da soma das atuações individuais de seus membros. Podem ter foco pragmático, caracterizando-se como Time Gestor, ou foco mobilizador da energia dos outros membros do barco, caracterizando-se como Time Líder.

As Equipes, por sua vez, são o estágio mais evoluído do funcionamento coletivo. Em uma Equipe, o resultado empresarial é maior do que a soma dos resultados individuais graças à confiança, ao entrosamento e à complementaridade das competências *hard* e *soft*, que, articuladas com as competências políticas, tornam a performance maior, sem perda de tempo e energia com problemas menores e conflitos infantis. Nesse estágio, a Equipe opera como Equipe Dirigente, aquela que concilia o perfil do Gestor com o do Líder, somando a isso a competência política para a realização dos seus objetivos empresariais, mesmo que seus membros tenham competências individuais mais fortes de Líder ou de Gestor. Algumas Equipes podem ser Estadistas, as que acrescentam à atuação de Dirigentes sua contribuição para uma sociedade melhor, atingindo um número ainda maior de pessoas na busca do bem comum.

No Quadro 1 são apresentadas as principais características do Grupo, do Time e da Equipe, tendo-se as âncoras e os motores como parâmetros.

Quadro 1: Grupo, Time e Equipe

Forma coletiva Âncoras	GRUPO	TIME	EQUIPE
Objetivo coletivo	Ausência de objetivo comum, cada pessoa busca o seu próprio interesse. Não há, portanto, "cola": "Cada um por si, Deus por todos"	O objetivo comum começa a gerar a "cola", que será fortalecida pela âncora das relações, pelo exercício das competências e das regras do jogo, que geram confiança e são retroalimentadas pelos resultados	O motor do Propósito comum gera a "cola", que se amplia com o *esprit de corps*, se fortalece com o exercício das competências, com a confiança que resulta e é resultante de resultados extraordinários
Relações entre os membros	Dependência ou independência total Controle ou delegação Insubordinação	Cooperação	Motor do *esprit de corps* (cooperação solidária; as diferenças individuais não ameaçam, complementam-se em prol do resultado coletivo)
Competências	As competências individuais não se convertem para o coletivo	Competência *Hard* (Time Gestor) ou Competência *Soft* (Time Líder)	O motor da valorização das diferenças é a alavanca para a inovação e para o desempenho extraordinário Competências *hard* + *soft* + políticas
Regras do jogo, que geram ou não a confiança	As regras não valem, às vezes não são conhecidas ou nem existem. Se existem, são apenas *proforma* Não há relação de confiança Anomia	Contrato: regras claras, regras do Líder/Gestor do Time A relação de confiança está em fase de construção Heteronomia	O motor da confiança funciona a pleno vapor Regras aceitas e compartilhadas Interdependência Autonomia
Resultados	Os resultados, se existem, são de nível individual Improdutividade coletiva Resultado coletivo menor que a soma dos resultados dos integrantes	Desempenho mediano, por vezes satisfatório, por vezes em subdesempenho satisfatório, considerando-se o seu potencial Resultado coletivo igual à soma dos resultados dos seus integrantes	O motor dos resultados extraordinários e admiráveis. O resultado coletivo é maior do que a soma dos resultados individuais

Fonte: Elaborado pelos autores.

É importante ressaltar que esses três estágios se organizam como um contínuo, e não de modo estanque. A divisão é didática e, como qualquer modelo, se considerada de forma estática, é reducionista. Cada uma dessas formas de organização coletiva é trabalhada nas seções seguintes, com a descrição de cada uma das âncoras.

3.1.1
QUANDO A TRIPULAÇÃO DO BARCO É UM GRUPO

Resultados são menores do que a soma dos resultados individuais!

$$1 + 1 + 1 + 1 < 4$$

A tripulação de um barco, responsável por governá-lo por rios e mares, pode configurar-se como Grupo. Seus tripulantes estão no mesmo barco, mas a âncora do objetivo comum não existe. Mesmo que o Grupo seja professado teoricamente, seus membros, na prática, não sabem por que estão ali ou, se sabem, não concordam. Ainda que o saibam, os objetivos individuais se sobrepõem aos coletivos. A interação entre os seus membros ocorre quase por acaso; em geral, de cada tripulante com aquele que assume o papel de Comandante, ou dos membros entre si, de forma lateral.

Quando a tripulação ou parte dela é um Grupo, seus membros são responsáveis cada um por sua própria área, por exemplo a jurídica, a financeira, a administrativa, a de gente e gestão. Cada membro navega na sua direção, pois não age considerando um objetivo comum compartilhado. A área comercial age para construir uma empresa que pode ser até a melhor na sua visão, mas é diferente daquela pensada pela produção, que, por sua vez, tem uma ideia de organização diferente da área de gente e gestão, e nenhuma delas fala a mesma língua da área financeira. O conflito está presente de forma destrutiva, e a luta por poder pode ameaçar a estabilidade do barco. A âncora das competências não é alinhada, pois não se sabe onde, quando e como ela deve ser lançada ao mar ou içada. O barco está à deriva ou à mercê daquele que assume a função de comandar a embarcação, sem alinhamento entre os tripulantes.

A âncora das relações revela comportamentos desordenados, desorganizados e até impulsivos, às vezes sem nenhuma noção de limite. Ora se seguem as ordens do timoneiro, ora se atua contra suas ordens; ora se finge que as obedece, ora se tenta derrubar o colega como se isso fosse alavancar a carreira do "vencedor". As reuniões da tripulação, quando não são caóticas, são praticamente um conjunto de diálogos dois a dois, por exemplo; do superior com cada um dos membros para tratar dos assuntos pertinentes à alçada de cada um. Não há uma dinâmica grupal interativa nem uma cooperação comum. Em geral, as relações que se fazem importantes são aquelas entre o responsável e cada um dos membros. Dependente de uma estrutura de comando, um Grupo assim organizado se desestrutura facilmente quando a atuação do superior não se faz adequada, seja por transmitir sinais ambíguos, seja por atuar de forma irracional.

A âncora da confiança não existe. As regras do jogo, mesmo que claras, não orientam o comportamento das pessoas e por isso não geram relações de confiança. Mesmo quando se tenta estabelecer um código de conduta da tripulação, não há adesão verdadeira às regras, apenas obediência, revolta ou falsa observância.

Em consequência, a âncora dos resultados do Grupo é insuficiente, fazendo-se presente um desempenho medíocre. Não raramente, cada um puxa a "corda" para o seu lado e o resultado é soma zero (na verdade, a soma pode ser menor do que zero!), colocando-se em risco a sobrevivência da organização. E não se iluda: põe-se em risco, também, a carreira das pessoas.

Os Grupos passam por quatro etapas evolutivas, desde a mais rudimentar até a mais sofisticada.

> GRUPO : anomia
>
> Etapas :
> 1. Anarquia : a tormenta
> 2. Obediência passiva
> 3. Desobediência grupal
> 4. Teatro organizacional

3.1.1.1
A ETAPA DA ANARQUIA GRUPAL: A TORMENTA

Durante o período de anarquia, o Grupo vive em função das suas necessidades imediatas, sem nenhuma possibilidade de previsão. Cada necessidade o toma de assalto, como se fosse novidade. Seus membros, em geral, giram em torno de uma pessoa ou de um local, mas não em torno de um objetivo comum. Nessa etapa, predomina a sensação de choque, e o Grupo é tomado por uma angústia ditada pela ignorância ou por não se acreditar no destino do barco, como se ele estivesse em uma tormenta. O Grupo não sabe como se portar diante das situações, experimentando um clima de desordem, de caos.

Tal momento de anarquia pode ser visto em momentos corriqueiros, como quando aquele que comanda o Grupo se atrasa para a reunião ou não pode estar presente. Como o Grupo não funciona sem aquele de quem os seus membros dependem, sente-se perdido. Mesmo um eventual substituto não é capaz de dar uma orientação comum. O encontro ocorre, então, sem objetividade e o processo de análise e de decisão é sempre adiado para quando o chefe chegar.

Mesmo quando essa etapa já está ultrapassada, em grandes e profundas crises não raramente se volta à anarquia.

Grupos que estão nessa fase raramente sobrevivem por grande período porque, se não evoluem, tendem a dissolver-se. Não podem ter duração longa porque o barco pode naufragar. Em geral, um Grupo vive essa etapa quando está se formando ou em um momento de desadaptação, quando perde a chance de atingir um nível evolutivo mais elevado, por exemplo devido à ocorrência de um fato inesperado, e regride para esse momento primário. Outra situação de tormenta é vivida quando acontece uma crise complexa, radical e múltipla como a ocorrida em 2020 e 2021 em razão da pandemia. Essa crise fez muitos comitês que funcionavam como Times ou Equipes regredirem à tormenta (Grupo). Alguns deixaram de existir, outros conseguiram evitar o naufrágio. Para 88% dos executivos, segundo pesquisas da primeira autora deste livro, a crise de 2021 foi a mais intensa que já viveram, com maior nível de tensão e recheada de medos nunca experimentados, como o medo da própria morte (Pág. 58).

Se as bases plantadas forem razoavelmente fortes, essa etapa passará rápido, ainda que existam momentos de tormenta mesmo em períodos de maior amadurecimento, conforme descrito a seguir.

Enfim, a âncora do objetivo, nessa etapa, está relacionada ao mero desejo gregário de não estar só: parece conveniente ser parte do Grupo, como se ele garantisse alguma segurança. Nessa etapa, a âncora do relacionamento praticamente não existe, dada a dificuldade das pessoas de se conectarem umas às outras. As competências coletivas não se manifestam. As regras do jogo normalmente não estão claras, portanto, não se pode falar nem sequer em acordos, menos ainda em confiança. A âncora dos resultados não existe e, ainda que se considere a complacência organizacional, que por vezes dá vida um pouco mais longa ao Grupo, o naufrágio do barco é a hipótese mais provável caso não se evolua para a etapa seguinte. A embarcação não tem âncoras que lhe deem alguma estabilidade em meio à tempestade em que se encontra. O barco está à deriva.

A ação do Líder ou do Gestor para tirar o Grupo da etapa de anarquia exige que ele mostre, de forma muito assertiva, que a potência está comprometida e o desalinhamento do Grupo é evidente. Ao tomar essa atitude e demonstrar iniciativa para evitar o naufrágio, o Líder ou o Gestor puxa para si o leme da embarcação, ou seja, a autoridade, de forma diretiva, pois não existe maturidade para que outro tipo de comportamento gere avanço. Como os membros estão angustiados, é natural que passem a esperar do Líder ou do Gestor que tome as decisões para resolver a questão. Pelo mesmo motivo, depositam nele toda a sua esperança de sobrevivência. Dessa forma, o Grupo pode evoluir para a sua segunda etapa, a da obediência passiva.

3.1.1.2
A ETAPA DA OBEDIÊNCIA PASSIVA

No curto prazo o timoneiro pode não perceber a disfunção!

O Grupo que ultrapassa a primeira etapa evolui para a obediência passiva, marcada pelo medo do naufrágio. É lançada ao mar a âncora do relacionamento obediente, passivo, medroso, e o Grupo passa a girar em torno do timoneiro, a quem os membros delegam a autoridade na expectativa de estabilizar o barco e salvá-los da derrocada anunciada pelo caos. Os membros se recolhem, quase se anulam para manter a precária unidade grupal, atuando de forma passiva, subordinando-se a um superior, entregando-se a uma obediência quase cega. Permanece a característica própria do Grupo, de ausência prática da âncora de um objetivo comum que vá além de evitar o naufrágio, mesmo que formalmente estabelecido. O medo de afogar-se no mar é, no fundo, o objetivo dos indivíduos na prática, a única razão de estarem no mesmo barco. Para onde ou como o barco está sendo levado, não importa.

É comum um Grupo viver essa etapa quando a maioria dominante dos seus componentes, que pode ser uma minoria numérica, como já falamos, teme o naufrágio. O sentimento predominante é o de que os tripulantes são sobreviventes da tormenta, mas a qualquer momento pode vir outra tempestade e abalar a estabilidade do barco. A saída parece ser entregar-se ao comando do timoneiro, a quem as pessoas passam a obedecer.

Em culturas empresariais marcadas pela obediência, característica das empresas tradicionais, como veremos no próximo capítulo, é comum os Grupos funcionarem nessa segunda etapa regidos pelo temor diante da autoridade, mesmo que disfarçado, e pela rígida observância das regras de comando. Essa manifestação, no entanto, infantiliza as pessoas. Os comportamentos são ditados pela autoridade, que para não perder o controle da ação pode exercer coerção, valendo-se de punições e recompensas. Embora aparente normalidade e ordem e apresente resultados de curto prazo, um Grupo obediente tem a sua âncora dos resultados limitada, o poder de inovação reduzido e tende a perder-se diante de situações imprevistas que lhe fujam do controle.

Em empresas mergulhadas em crise, à beira de um naufrágio, é comum que a gestão seja mais diretiva como saída provisória para essa situação. Estratégias contra um "estado de emergência" têm de ser mais pragmáticas para agilizar a tomada de decisões. Esse momento é o início da tentativa de estabelecer a âncora das regras do jogo, mas a adesão se faz de modo fóbico em razão do medo de a empresa sucumbir diante de uma nova tormenta.

Em empresas e em configurações de Grupo tradicionais, a balança pesa muito desproporcionalmente para o lado daquele que está no comando. Seu eventual afastamento implicará em forte risco de retorno ao caos e na expectativa ingênua de que seu substituto seja um salvador do destino trágico que tanto se teme. Todo Grupo depende da competência do timoneiro.

A estratégia de manter um Grupo na etapa de obediência fóbica pode, portanto, ser útil em alguma medida, diante de um diagnóstico de caos, ou seja, de desordem e paralisia no processo de tomada de decisões. Pode, porém, mostrar-se desastrosa em outro contexto.

O risco é achar que uma gestão centralizada que deu certo em uma empresa no contexto de forte instabilidade continuaria a ter sucesso na fase seguinte. O processo de decisão autocrático é mais rápido, mas os efeitos colaterais podem ser nefastos. Deixa as pessoas acomodadas, delegando para cima e sem *accountability* pelo que fazem.

Ter pelo menos uma parte de seus Grupos na etapa da obediência é uma das características das empresas tradicionais, e com certeza essa não é a melhor opção para organizações que buscam resultados extraordinários. Em um contexto que promete a disrupção, Grupos fixados nessa etapa são incapazes de se adaptar às necessárias mudanças.

> Grupo é mais comum do que parece!

A evolução do Grupo dessa etapa para a seguinte exigirá do timoneiro abrir mão da relação de dependência que, em graus diferentes, pode trazer satisfação momentânea para o Líder. Ele precisa, portanto, evidenciar todos os riscos reais decorrentes da passividade do Grupo a fim de despertar entre os seus membros a necessidade e a determinação de reagir, promovendo a passagem, então, para a próxima etapa do desenvolvimento coletivo, a da desobediência, tema da próxima seção.

A consciência desse movimento de condução da evolução do Grupo por parte daquele que o lidera se faz fundamental porque, como o Grupo ainda está na etapa da dependência, é natural que, ao iniciar uma reação, busque um bode expiatório, que pode ser o próprio chefe da tripulação do barco, o que já caracteriza a fase seguinte.

3.1.1.3
A ETAPA DA DESOBEDIÊNCIA GRUPAL

Nesta terceira etapa, o Grupo passa para a reação agressiva em razão da sua inoperância, duvidando da validade do seu trabalho coletivo. Os tripulantes passam a desobedecer. Satisfeitos ou não com a sua atuação, afrontam a autoridade como forma de se livrarem da própria responsabilidade. O Grupo se entrega a uma desobediência que geralmente é dirigida contra a autoridade que os próprios participantes reconheceram como tal, o timoneiro em quem depositaram a esperança de fugir do naufrágio.

É nessa etapa que costuma aparecer o fenômeno do bode expiatório. Um dos membros passa a ser o objeto de todas as culpas e de todos os problemas vividos pelo Grupo. Tal como no rito de purificação, o sacrifício do bode representa o aniquilamento de todos os pecados. Qualquer problema vivido pelo Grupo é remetido ao bode expiatório, que passa a ser a causa de todos os seus males. Lançá-lo aos tubarões é imaginado como forma de devolver a paz para o barco, na ilusão de que todos os males estão nele personificados. Sem a consciência de que o indivíduo escolhido como a causa de todos os problemas representa a projeção das dificuldades do Grupo de assumir o leme e ser dono do seu destino, o Grupo é candidato a eleger outro bode expiatório quando passar por nova turbulência. Esse momento também ameaça a estabilidade do barco, trazendo mais uma vez o risco de naufrágio. Trata-se, entretanto, de um passo fundamental para o Grupo buscar as âncoras que lhe darão estabilidade, de forma que possa prosseguir em sua jornada.

RELAÇÕES INFANTILIZADAS: o ataque ao outro é uma forma de fugir às próprias responsabilidades

A etapa da desobediência do Grupo revela, pois, um momento infantil em que os membros se mostram incapazes de governar o próprio barco e de assumir a responsabilidade de programar o seu destino. Preferem agredir um dos tripulantes como forma de não pagar o preço de tomar o leme do barco nas suas próprias mãos. Cabe ao Líder ou Gestor que está à frente do Grupo, provido do conhecimento das etapas de desenvolvimento pelas quais o Grupo passa, promover a passagem para a etapa seguinte. Deve, assim, reconhecer a importância de reagir, mas ponderando a necessidade de seus componentes se posicionarem sem conflitos. Além disso, é preciso tomar providências objetivas para procurarem, juntos, as soluções voltadas aos problemas de sobrevivência e realização grupais.

Nesse momento, é essencial que aquele que está à frente do Grupo mostre a importância de pôr em prática os objetivos. É fundamental reconhecer que o Grupo tenta reagir a sua passividade, mas a agressividade com que busca se afirmar traz outras turbulências para a viagem. Brincadeiras, desculpas verdadeiras e agressões utilizadas para fugir da responsabilidade precisam deixar de existir a fim de que cada membro assuma a sua parte e se toque o barco. Ao agir dessa maneira, o timoneiro promove a evolução do Grupo para o teatro organizacional.

3.1.1.4
A ETAPA DO TEATRO ORGANIZACIONAL

Nesta quarta etapa, o Grupo tende a evoluir para o teatro. Ao dar-se conta das desvantagens de agir de modo agressivo, seus componentes percebem que não devem manifestar todas as suas emoções, nem revelar suas limitações. Tentam, assim, não sofrer retaliações e passam a viver a "esperteza", ousando experimentar de tudo, em busca dos seus fins, para fugir da possibilidade de punição. A atitude da maioria dos participantes é de agradar o timoneiro a qualquer preço, obedecendo-o na aparência e procurando representar as condutas que consideram adequadas para obter dele as atitudes que desejam. A rebelião é contida pela atitude de dissimulação, na esperança de não pôr o barco em risco e de tirar o maior proveito pessoal da situação. Mais uma vez, os objetivos pessoais superam os objetivos coletivos, que ainda não se fazem presentes de forma prática, o que impede a formação de um Time ou de uma Equipe, no sentido que lhes atribuímos.

Triangulações são frequentes!

Não é fácil diagnosticar essa fase; ela é dissimulada

Nessa etapa, a tendência do Grupo é de se entregar a manobras e triangulações. Ele continua fugindo de suas responsabilidades, agora de forma mais criativa e elaborada. É comum recorrer a boicotes e intrigas para evitar conversas francas necessárias e para que, definitivamente, os conflitos não sejam colocados na mesa. O Grupo inclina-se a fingir que tem âncoras firmes porque as pessoas não querem arcar com os encargos delas decorrentes. Ele finge ter e seguir a âncora das regras do jogo, mas elas são mera aparência. Compromete, assim, a âncora dos objetivos e a dos resultados, pois cada membro busca satisfazer as suas necessidades pessoais e usa o Grupo com esse fim. O relacionamento, portanto, não expressa uma real colaboração entre os tripulantes. Queixas e problemas detectados no Grupo são tratados em particular, sem a socialização, sob o falso pretexto de evitar os conflitos e a exposição. Os segredos se multiplicam, criando farto material para jogos de poder e fofocas. O Grupo experimenta um clima de permissividade, e isso torna difícil, para o barco, zarpar em direção ao destino.

A aparência dos Grupos na etapa do teatro organizacional é, para os menos atentos, a de um Grupo coeso, pois os conflitos ficam mascarados, os problemas não são revelados. Seus membros tendem a achar que a situação é "complicada", que as conversas francas são "difíceis". A não obtenção de resultados, o que abrange desde providências simples e práticas até a realização de metas, é atribuída à crise ou à falta de tempo. É comum apresentarem desculpas do tipo "estamos tentando" e, como meio de não assumir a não entrega do combinado, o que negam, enaltecem o esforço empreendido. Usam desculpas verdadeiras, recurso muito comum nessa etapa como forma de justificar a não observância dos contratos que, em tese, deveriam regular as regras do jogo.

Você pode achar que não existe teatro grupal na sua organização. Sugerimos que analise isso com bastante cuidado, pois o teatro é mais comum do que parece. Ainda que seja uma etapa mais sofisticada do funcionamento do Grupo, prioriza a aparência em detrimento da verdade, levando seus membros mais ingênuos a enredar-se nos jogos daqueles que os orquestram com maior facilidade.

> Um exemplo: o CEO de uma empresa se surpreendeu com diagnóstico que apontava a existência de grupos em etapa de teatro na organização. O *feedback* das pesquisas de clima organizacional indicava uma empresa querida pelos empregados. Em outro diagnóstico, entretanto, baseado em entrevistas individuais e coletivas com a alta liderança e com amostras representativas dos outros estratos, revelou-se que as pessoas tinham medo de falar a verdade. Elas respondiam, nas pesquisas quantitativas, o que pressupunham que os diretores queriam ouvir. Desconhecedores da limitação metodológica das pesquisas de clima, notadamente quantitativas, os diretores se viram obrigados a reconhecer o lado sombra da empresa, não sem dor e desapontamento.

Essa circularidade entre as quatro etapas pode ser interrompida se o Grupo evolui para a seguinte, em que toma consciência da sua incompetência e pode aprender a trabalhar de forma racional, inaugurando o seu funcionamento como Time. Por outro lado, se o Grupo não evolui, passa a viver e reviver essa circularidade entre as etapas que marcam a sua dependência e a consequente improdutividade em relação ao alcance de resultados.

Para começar a funcionar com racionalidade, é preciso, por exemplo, que um de seus membros, de preferência o principal timoneiro do barco, mostre, na prática, a desvantagem dessas atitudes e a vantagem de abrir o jogo, falar e escutar a verdade para resolver os problemas com discernimento. Mas isso não pode ser feito de qualquer forma. É importante criar a ambiência para que o resultado seja positivo, trabalho que fazemos cotidianamente com resultados excepcionais.

Todo processo de transformação cultural e evolução da dinâmica coletiva precisa de um *sponsor*, e ele tem de ser reconhecidamente uma figura a quem é atribuído poder. Para isso, não se pode temer o enfrentamento da realidade e deve-se ter força psíquica para desmascarar os jogos sempre que eles trouxerem prejuízo para o resultado coletivo.

Em nosso trabalho de consultoria, o diagnóstico da cultura organizacional, a "Foto", fruto de rigoroso trabalho de escuta com diversos estratos da organização, permite que a direção da empresa conheça ou reconheça o lado sol e o lado sombra da sua cultura e do funcionamento de seus Grupos, Times e Equipes. A partir da "Foto" pode-se, de forma intencional, promover a transformação do barco da empresa. Para isso, é necessário que as percepções dos fatos e dados construam as verdades de cada um e um firme propósito de contribuir para o êxito dos objetivos coletivos.

A passagem para a outra etapa, que inaugura o funcionamento da tripulação como Time, exige a compreensão dos fatores externos e internos que afetam a jornada. É ainda fundamental que cada pessoa que embarca no processo assuma a sua responsabilidade e seu papel. Ao agir assim, o Grupo começa a transformar-se em Time.

Esse processo de transição de Grupo para Time desorganiza as relações antes baseadas em pactos implícitos de mediocridade e na farsa mútua. A mudança, mesmo que para melhor, desequilibra a ordem estabelecida. Alguns tripulantes podem sentir vontade de "abandonar o barco", outros não vão querer sair do teatro, atuando como antagonistas. Um Time vai precisar de pessoas que façam com que a dinâmica grupal anule o espaço dos atores e antagonistas e promova a atuação de protagonistas. Assim, a tripulação se desenvolve como Time. É o que vamos ver a seguir.

3.1.2
QUANDO A TRIPULAÇÃO DO BARCO É UM TIME

Soma dos resultados individuais

≈

Resultado coletivo

A clareza do diagnóstico e a sua aceitação contribuem para sair da fase de Inconscientemente Incompetente e entrar na segunda etapa de aprendizagem, a de Conscientemente Incompetente, daqueles que sabem que não sabem e sabem que precisam mudar ou aprender. As etapas seguintes, de Conscientemente Competente e Inconscientemente Competente, serão vividas ao longo do processo de desenvolvimento, levando as pessoas a aprender novos caminhos e a fazer e resolver naturalmente os seus desafios (Figura 9). Esse processo é circular e se desenvolve em forma de espiral sempre que se tem desafios vivenciados pela primeira vez.

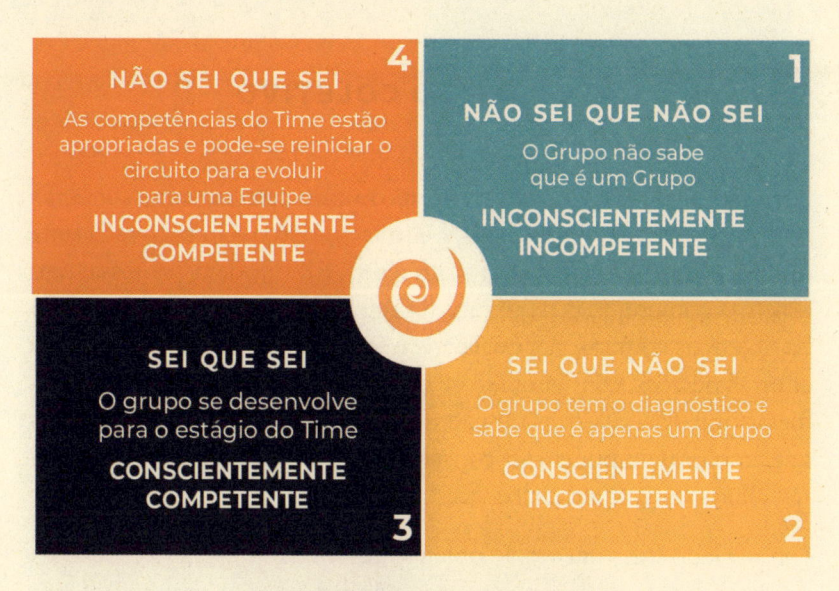

Figura 9: Estágios de aprendizagem
Fonte: Tanure, 2021.
Inspirada em Noel Burch, 1970.[XV]

4 — NÃO SEI QUE SEI
As competências do Time estão apropriadas e pode-se reiniciar o circuito para evoluir para uma Equipe
INCONSCIENTEMENTE COMPETENTE

1 — NÃO SEI QUE NÃO SEI
O Grupo não sabe que é um Grupo
INCONSCIENTEMENTE INCOMPETENTE

3 — SEI QUE SEI
O grupo se desenvolve para o estágio do Time
CONSCIENTEMENTE COMPETENTE

2 — SEI QUE NÃO SEI
O grupo tem o diagnóstico e sabe que é apenas um Grupo
CONSCIENTEMENTE INCOMPETENTE

O Time representa o estágio de transição entre o Grupo e a Equipe. Ele já não trabalha de forma infantil, dependente e desarrazoada, mas de forma racional.

São 5:
- *objetivo coletivo*
- *relações entre os membros*
- *competências*
- *regras do jogo, que geram ou não a confiança*
- *resultados*

3.1.2.1

O OBJETIVO COLETIVO

A âncora do objetivo coletivo parte do princípio de que são várias as razões que levam as pessoas a entrar no barco. Ou seja, cada uma pode estar ali por um motivo diferente. Elas podem professar um objetivo comum, mas na prática ter metas que conflitam entre si. Se há objetivos comuns, sua qualidade e seu alcance podem ser distintos entre as pessoas, configurando-se como de curto ou longo prazo, com metas objetivas passíveis ou não de medição quantitativa. As pessoas que embarcaram podem ter consciência de suas finalidades coletivas e trabalhar ou não para realizá-las.

Em seu lado sol, a âncora do objetivo coletivo representa a esperança e a estabilidade do barco. Seu lado sombra se apresenta quando os objetivos comuns são frágeis, dificultando a partida da embarcação em direção ao seu destino.

Quando os objetivos comuns dos membros de um Time se afinam, passam a incorporar razoavelmente a aspiração de cada pessoa, mobilizando todas elas e dando um sentido maior a esses objetivos, que servem de esteio para uma visão de futuro. O funcionamento do Time se consolida, condição necessária para o funcionamento de uma Equipe. Por isso vamos aprofundar o conceito de tripulação como Equipe na parte (Pág. 151).

Ao assumir a liderança da empresa Rede, de meios de pagamento, a executiva Paula Cardoso encontrou um negócio com resultados em retratação e um grupo de líderes que nadavam em raias isoladas. O desafio, naquele momento, era compreender se aquelas pessoas poderiam, juntas, ser capazes de mudar o fluxo de resultados do negócio (lembre-se do papel do líder de mudar o fluxo

> natural das coisas (Pág. 32) e de criar as condições para um trabalho mais integrado e colaborativo. A sua chegada, com o objetivo claro de promover as mudanças necessárias para que a organização recuperasse sua posição de liderança no mercado, fez crescer, em um primeiro momento, o sentimento de insegurança entre seu time de diretos. No entanto, a capacidade de conduzir com transparência, energia, assertividade e ações agridoces, combinando reestruturação e envolvimento das pessoas, fez com que ela começasse a inverter a curva dos resultados. A atuação em verticais foi cedendo lugar para um trabalho cada vez mais guiado por um objetivo comum, trabalho do qual temos orgulho de participar.

3.1.2.2
AS RELAÇÕES ENTRE OS MEMBROS

A âncora das relações reconhece a constatação de que todos dependem uns dos outros. Organizar-se coletivamente é uma forma de lidar com essa interdependência, pois permite a seus membros estabelecer as interações necessárias em busca da satisfação de suas necessidades. Os relacionamentos entre os membros de uma coletividade podem ser aleatórios, baseados no controle, na obediência, na desobediência, na pseudo-obediência ou, ainda, caracterizados por cooperação e solidariedade.

A âncora das relações entre os membros do Time é marcada pela cooperação. A consciência de que todos estão no mesmo barco dá a seus tripulantes a noção de que a cooperação é fundamental para que os objetivos sejam alcançados. Tal cooperação se dá em nível prático, por exemplo, para desenvolver um projeto, resolver um problema, chegar a uma solução criativa, mobilizar a energia necessária para vencer um desafio. Esse é o lado sol dessa âncora. Já em seu lado sombra ela representa a dominação de uns membros sobre outros ou a necessidade excessiva e irreal de consenso, que trava o desempenho.

> COOPERAÇÃO
> âncora das relações de um Time

3.1.2.3
AS COMPETÊNCIAS

A âncora das competências aponta para o fato de que habilidades, conhecimentos e atitudes devem estar lastreados em valores a fim de promover a adequada realização das finalidades coletivas. As competências devem ser as demandadas com base na função da tripulação e, consequentemente, de cada tripulante. Não necessariamente cada indivíduo da tripulação precisa ter, sozinho, todas as competências, mas para que a tripulação funcione é preciso que agregue competências objetivas, subjetivas e políticas.

No estágio de Time as competências presentes são mais objetivas (Time Gestor) ou mais subjetivas (Time Líder). A integração das diferentes dimensões ainda não acontece.

Essa âncora se manifesta como sol quando o espaço para a complementaridade das competências se amplia. Por outro lado, mostra o seu lado sombra quando a tripulação não dispõe de todas as competências necessárias no que é atinente a seus objetivos e tem dificuldade de agregar novas competências, perdendo o rumo ou a velocidade da viagem.

Com objetivo comum, clareza nas regras do jogo e relacionamento cada vez mais cooperativo, o Time busca ter em seus componentes as competências necessárias para realizar a sua missão. O valor das competências individuais é reconhecido.

3.1.2.4

AS REGRAS DO JOGO

As regras do jogo precisam ser claras, de forma a regular a convivência das pessoas em um contexto social, o que exige o estabelecimento de direitos e obrigações, explícitos ou tácitos, a fim de disciplinar a convivência. Para isso, é necessário um acordo social explícito, a partir do qual cada membro renuncia a uma parte de sua liberdade para ter direito a um benefício que não teria sozinho. Essa é a essência das regras do jogo. O cumprimento dessas regras é a base para o desenvolvimento da confiança, motor da Equipe, como veremos na página 153.

Em seu lado sol, a âncora das regras do jogo representa também a construção de relações em que a entrega combinada, entre pessoas de bem, se faz recorrente. Já em seu lado sombra simboliza "delargar", e não delegar. Significa imposição, desobediência ou escamoteamento do cumprimento das regras estabelecidas. Quando isso ocorre, o estágio de Time fica ameaçado.

A **âncora das regras do jogo** é colocada sobre a mesa a fim de clarificar os termos e as condições de convivência dentro e fora do barco e começa a gerar o embrião da confiança. Nesse estágio as regras são, por vezes, estabelecidas pelo Líder ou pelo Gestor, o que caracteriza a fase de heteronomia. Quando cada tripulante assume o seu papel no Time, o combinado não é caro e é assumido pelos membros com clareza e responsabilidade. Eles passam a usar a bússola da premissa de ser honesto, tema abordado em capítulo anterior, com base na reta intenção de tocar o barco rumo ao seu destino.

3.1.2.5

OS RESULTADOS

A âncora dos resultados é também resultante. "Resultado é o que resulta", já falava Fabio Barbosa quando trabalhamos com ele, como consultores, na aquisição do então Banco Real pelo ABN

AMRO, que depois viria a ser adquirido pelo Santander. Essa âncora se relaciona com o alcance dos objetivos da tripulação, ou seja, aquilo que é produto das atuações dos membros, individual e coletivamente. No ambiente corporativo, as boas empresas estabelecem metas não somente no campo econômico-financeiro, mas também no ambiental e no social.

O lado sol dessa âncora é a consistência nos resultados coletivos, que devem corresponder à soma dos resultados individuais, revelando assim seu potencial para o estágio seguinte, o da Equipe. Ou seja, revela-se potencial para muito mais. O lado sombra é o mau resultado, mais fácil de reconhecer; o subdesempenho satisfatório, doença crônica que corrói de forma invisível; o bom resultado limitado a uma única dimensão do negócio ou que está muito aquém do seu potencial máximo nas diversas dimensões empresariais.

Os **resultados** de um Time, seja Gestor, seja Líder, como veremos a seguir, são proporcionais à soma das competências individuais, portanto, com potencial ainda a ser desenvolvido. Se tais competências forem predominantemente *hard*, teremos um Time Gestor e, portanto, com resultados menores do que o potencial de uma Equipe. Da mesma forma, caso essas competências sejam predominantemente *soft*, estamos falando de um Time Líder, tema das próximas seções.

A conjugação dessas duas competências, *hard* e *soft*, de forma equilibrada, é uma qualidade da Equipe, que vai funcionar com dinâmica de Dirigente, superior à do Time.

Time Líder ou Time Gestor?

É importante ressaltar que, de forma voluntária, escolhemos o caminho da separação didática entre Time Gestor e Time Líder para facilitar a compreensão. Sabemos, porém, e você também sabe, que a realidade é menos estática e as características, de alguma forma, se mesclam. Aqui queremos mostrar os traços predominantes de cada perfil. Dessa forma, criamos melhores condições para sua evolução.

3.1.2.6
O TIME GESTOR

Em nossa analogia, o Time Gestor é a tripulação que opera uma embarcação para levá-la ao destino determinado. Estabelecido o ponto de chegada, todos os seus membros trabalham para que o barco chegue no tempo programado, com conforto, sem acidentes e com o máximo de eficiência, como no caso da nau *Argo*, comandada por Jasão, que, com os argonautas, organizou uma expedição para buscar o velocino de ouro.

> De acordo com a mitologia grega, o velocino de ouro é a lã de ouro de um carneiro enviado por Zeus para salvar da morte dois filhos do primeiro casamento do rei Átamas[12]. Liderados por Jasão, a bordo da nau *Argo*, os argonautas tinham como alvo de sua conquista o velocino de ouro. Os intrépidos navegantes simbolizam aqueles que orientam seus esforços na direção de objetivos práticos, pautando-se em uma lógica concreta e pragmática e em competências fundamentalmente objetivas.

Os argonautas são um belo exemplo de um Time Gestor. Estão a bordo da sua embarcação, sabem exatamente aonde querem chegar e têm pessoas competentes para realizar o objetivo, com espírito colaborativo e clareza das regras do jogo. A âncora dos resultados é marcada pela busca da eficiência, ou seja, para realizar

---

[12] Segundo a lenda grega, os dois filhos de Átamas, rei de Tebas, seriam sacrificados em razão do ciúme da sua segunda mulher. Para que fugissem, a mãe deu aos filhos o velocino de ouro, um carneiro que voava. Durante a fuga, apenas um dos irmãos se salvou, chamava-se Frixo. O outro, de nome Heles, caiu no mar durante o voo. Ao chegar à Cólquida, Frixo foi bem recebido pelo rei Eetes, que lhe ofereceu a filha em casamento. Em retribuição, Frixo sacrificou o seu carneiro e deu sua lã de ouro ao rei. O rei a cravou em um carvalho de um bosque consagrado ao deus da guerra, onde foi guardado por um dragão.

o desafio de buscar o rico velocino de ouro. Como todos estão no mesmo barco, querem permanecer nele e precisam sobreviver, portanto, suas atuações são precedidas de análise, em busca do melhor resultado prático.

Em geral, o Time Gestor tem uma dinâmica, que resulta da atuação dominante de membros com perfil racional e técnico, que foca os pontos mais objetivos, mais *hard*. Em geral, o Time Gestor também inclui uma "turma que carrega o piano" na organização ou em parte dela. Essa "turma" trabalha para viabilizar a realização de suas finalidades e pôr o barco para funcionar. Mesmo que haja um ou outro Líder entre seus membros, o comportamento predominante é o do Gestor. A ênfase está na operação, mais do que na inspiração. É comum que um Time assim seja formado e conduzido por um executivo com esse perfil e que tende a convidar pessoas com perfil semelhante ao seu para integrar esse Time. Mesmo que nem todos tenham esse perfil, não há espaço para brotar uma dinâmica coletiva diferente.

Times Gestores são os mais comuns!

Times Gestores, como o dos argonautas, são muito úteis na estrutura organizacional e desempenham papéis definidos. O foco é mais racional, ou seja, trabalha-se nas dimensões *hard* do sistema organizacional.

O Time Gestor, mesmo que explicite a parte *soft*, não tem na linha de frente do seu processo decisório as expectativas, as angústias, o nível de tensão e de ansiedade das pessoas.

Qualquer que seja a sua finalidade, Times Gestores estão associados, portanto, ao concreto, ao objetivo, ao racional, não dando o mesmo espaço para as dimensões *soft*. Seus membros devem ter consciência do papel do Time e conquistar o mandato para ter poder de execução. Quanto mais resultados o Time Gestor apresentar, mais ele será respeitado na organização. Os resultados podem ser extraordinários em tempos de mares calmos, tão raros no mundo atual, ou ainda durante determinado período, que pode ser longo, o que, via de regra, acomoda racionalmente o Time Gestor. O mandato de um Time Gestor, em alguns casos, pode até ter prazo definido.

O seu lado sol é a busca por resultados práticos, dirigidos por uma lógica racional. Mas a sombra de um Time Gestor que dirige o leme de uma empresa também está no pragmatismo de sua atuação. Pode gerar mais sangue do que o necessário, uma vez que não consegue naturalmente embarcar a emoção das pessoas na viagem dos resultados concretos. A capacidade de mudar o fluxo das coisas para além das situações objetivas e concretas fica normalmente comprometida. Ao guiar-se por objetivos pragmáticos, que pressupõem certa previsibilidade, o maior risco é o Time não ouvir a intuição, aquela voz interna que capta a energia das pessoas e antecipa cenários imprevistos ou se esconde atrás dos resultados concretos e palpáveis, especialmente os de curto prazo.

Como navegar não é preciso, não é possível governar o barco da empresa somente com o lado esquerdo do cérebro. Em tempos de incerteza, administrar apenas racionalmente os riscos é insuficiente, ainda mais do que em tempos de estabilidade. E, atenção: esse é o perfil mais comum nas organizações. As que estão nessa situação correm o risco de perder seus talentos, de perder a alma das pessoas. Mesmo quando o timoneiro resolve que é hora de transformar, deve ter atenção: haverá muita resistência, pois os resultados positivos geram perguntas como: "Precisa mesmo? Vamos fazendo nós mesmos, devagar, não precisa inventar muita moda".

Esse ambiente de imprevisibilidade, aliado às mudanças sociais em curso, demanda um perfil que tenha, além de foco na eficiência, a competência de mobilizar as pessoas e criar significado tanto para a jornada da eficiência como, especialmente, para a das transformações radicais.

No entanto, como o movimento dialético em busca da unidade exige o movimento oposto para promover a síntese, é preciso conhecer a conformação do Time Líder e do Time Gestor. É o que veremos a seguir.

3.1.2.7
O TIME LÍDER

O Time Líder tem seu foco na inspiração das pessoas, na mobilização da energia necessária para o processo de transformação, inclusive o cultural. Está sempre atento ao funcionamento dos indivíduos e à lógica dos relacionamentos interpessoais. Ocupa-se em preparar o astral da viagem e motivar a energia vital dos viajantes. Para isso, deve ser capaz de viabilizar acordos e definir as entregas combinadas a fim de estabelecer a atmosfera que torna a jornada inspiradora. O astral da viagem é tão ou mais importante quanto chegar ao destino.

No atual contexto de incertezas, o papel do Time Líder de promover energia extra para os resultados é fundamental. A incerteza acerca do futuro, com riscos de toda sorte, exige maior energia para vencer os desafios.

O Time Líder tem uma dinâmica mais associada aos valores e ideais da organização. A base de um Time com o perfil de Líder está na âncora dos relacionamentos, o que exige dos seus membros a capacidade de mobilizar a energia que dá vitalidade à cultura da empresa e de estimular o gosto pelo diálogo, pela escuta e pela busca de consenso, ou melhor, de um razoável consenso, nas diversas instâncias da empresa.

Um Time com esse perfil trabalha de forma mais madura as discordâncias. As ideias são objeto de debates, muitas vezes acalorados, mas os relacionamentos e vínculos não são afetados por causa disso. Seus membros podem discordar enquanto a decisão está sendo tomada, mas, uma vez decidido, todos se comprometem com a deliberação aprovada. Um Time Líder tem maturidade para saber a hora certa de discordar: *"Let's agree to disagree"*.

Também é sua função promover o sentido da jornada para que as pessoas naturalmente coloquem a alma na viagem. Um Time Líder está sempre pronto a interpretar o símbolo de cada decisão, o que contribui muito para a escolha da melhor maneira de comunicá-la a fim de passar o recado desejado. Sua função está associada, portanto, ao lado *soft* da gestão.

Super legal... mas insustentável

Times só com o perfil de Líder, apesar da capacidade de despertar a simpatia das pessoas, não têm um futuro promissor na organização se não forem parte de um projeto maior, que agregue a importância de também cuidar do lado *hard* da gestão. A gestão de pessoas é um ativo fundamental da organização e merece atenção para que o trabalho diário seja inspirador, motivado por Valores e pelo Propósito e promova a energia extra necessária para acelerar ou mudar o fluxo natural das coisas. Mas essa atuação, se não for acompanhada de competências objetivas, tende a ser desvalorizada no mundo dos negócios. Por isso, o Time Líder é apenas um lado da moeda.

Como vimos, a formação do Líder é uma lacuna na educação de executivos, focada mais em *business* do que em liderança e *behaviour*. É preciso dizer que a competência *soft* tem sido cada vez mais valorizada e que se amplia a compreensão do seu poder de transformação. Sozinha, porém, ela não resolve, não é suficiente para navegar. E navegar é preciso.

Quando o lado Gestor de um Time se alia ao lado Líder, está estabelecida a base para a formação da Equipe. Assim, toda Equipe será uma Equipe Dirigente, independentemente do seu nível de poder na hierarquia, como veremos na próxima seção.

3.1.3

QUANDO A TRIPULAÇÃO DO BARCO É UMA EQUIPE DIRIGENTE

"Ninguém é perfeito, mas uma Equipe pode ser" (Pág. 125), segundo tese desenvolvida pela primeira autora deste livro. Nos termos aqui definidos, a Equipe caracterizada como Dirigente é aquela que reúne a dimensão *hard* do Time Gestor e a dimensão *soft* do Time Líder para produzir resultados que vão além da soma dos resultados individuais. Como dissemos, (Pág. 126) a dinâmica de um Grupo, um Time ou uma Equipe não depende da maioria numérica dos seus membros, mas da maioria dominante, aquela que se faz mais forte no conjunto de forças da atuação dos seus membros. A dinâmica de Dirigente se dá quando pelo menos um dos tripulantes exerce o papel de orquestrador, de modo a integrar as competências *hard* às competências *soft* de seus membros no governo da embarcação. (ver Figura 5).

As características principais dos diferentes quadrantes apresentados na figura você pode relembrar nas páginas mencionadas abaixo:

- As do Grupo estão nas páginas 128 a 130
- As do Time Líder, nas páginas 150 a 151
- As do Time Gestor, nas páginas 147 a 149
- As da Equipe Dirigente, nas páginas 151 a 153

A área de transição representa a região da Figura 5, página 92, na qual um indivíduo ou uma Equipe está transitoriamente, seja porque mudou de função ou de empresa – casos em que o nível de competência não está sendo exercido com toda potência –, seja porque se trata de um momento de problemas pessoais intensos que interferem no exercício das competências já instaladas. É preciso compreender as razões pelas quais o Grupo se encontra na área de transição para que se possa intervir da forma correta, por meio de processos de desenvolvimento, consultoria ou acompanhamento. Nesse caso, observa-se que há grande possibilidade de promover o desenvolvimento, seja de Grupo para Time, seja de Time para Equipe. Nos processos de mudança cultural em que atuamos como consultores nas empresas, é mais frequente levar Time com perfil de Gestor a desenvolver seu perfil de Líder do que o contrário.

Da Equipe Estadista, presente no canto superior direito do quadrante da Equipe Dirigente, vamos tratar na seção 3.1.4. Para descrever a Equipe Dirigente, vamos nos valer das âncoras já apresentadas na seção 3.1, que nas Equipes transformam-se em motores.

A âncora do objetivo coletivo assume a configuração de Propósito, motor que gera e movimenta energia para conferir significado à atuação das pessoas. A âncora das relações transforma-se no motor do *esprit de corps*, como mostrado no Quadro 1 (pág. 127). A âncora das competências gera o motor da valorização das diferenças, que é uma consequência da capacidade de acolher os contrários e fonte de inovação. Já a âncora das regras do jogo se traduz, na Equipe, no motor da confiança. A âncora dos resultados empresariais extraordinários, pois extrapola muito as metas de caráter econômico-financeiro

Os motores de uma Equipe Dirigente:
- *Propósito*
- *Esprit de corps*
- *Valorização das diferenças que viabiliza a inovação*
- *Confiança*
- *Resultados Empresariais Extraordinários*

3.1.3.1
O MOTOR DO PROPÓSITO

- *Grupo = sem objetivo comum*
- *Time = objetivo coletivo*
- *Equipe = propósito*

A âncora do objetivo coletivo, que no Time já se configura como objetivo comum, assume uma dimensão ainda maior na Equipe

Dirigente, agora como motor: o Propósito. Além do Propósito da própria Equipe, ela compartilha o Propósito da empresa na sua alma e na alma de cada executivo que compõe a Equipe. Ele está no *core* da cultura da organização, portanto, deve estar na alma das pessoas e das Equipes das quais as pessoas participam. A Equipe Dirigente é o *locus* privilegiado onde o propósito se transforma em prática Ao sentir-se partícipe de algo maior do que ela própria, a pessoa encontra inspiração para sua aspiração, sente-se embarcada em um projeto maior, algo que tem identidade com o seu próprio projeto de vida. Além disso os membros da Equipe Dirigente participam de outras Equipes, Times e Grupos, e têm o papel de irradiar o propósito e o *modus operandi* para todas as instâncias de sua atuação, contribuindo para que seus liderados possam compartilhar o mesmo propósito e para que os Grupos existentes evoluam para Times e os Times para Equipes.

O motor do Propósito não pode ser um modismo. Se for modismo, não é motor. Há um iminente risco na atual moda gerencial de exaltar o propósito e a cultura, tratando-os de modo superficial ou no velho estilo "para inglês ver". O Propósito orienta os meios escolhidos para a condução do barco, da sua estratégia e de todo o modelo de gestão; é, portanto, uma grade decisória para os negócios e para a gestão.

Partindo-se da premissa da interdependência humana, todo ser humano vive em coletividade; toda coletividade, seja Grupo, seja Time, seja Equipe, está inserida em uma coletividade maior; e toda empresa está inserida em uma sociedade. Não existe indivíduo nem empresa consistentemente bem-sucedidos em um país malsucedido. Por meio do Propósito, a pessoa e a Equipe à qual ela pertence podem se sentir parte de um projeto maior.

O Propósito dirige o olhar da Organização para o futuro, que é a sua razão de ser e base para a ambição empresarial. Como uma bússola, ele aponta na direção do negócio, colocando-se acima dos interesses individuais. O Propósito funciona como antídoto contra a "fazeção", o trabalho sem sentido: a meta pela meta, o prazo pelo prazo, o ganhar pelo ganhar. O Propósito determina o motivo do movimento de transformação da Organização. Assim, o colaborador se sente íntegro e integrado, conferindo significado ao seu trabalho cotidiano.

É papel da Equipe de topo estimular as pessoas da organização a abraçar o Propósito e arrastar, com seu exemplo e seu entusiasmo, todos aqueles que compartilham o desejo de que a empresa seja mais do que um ótimo negócio, algo grandioso e sustentável perante as correntezas imprevistas. Não é possível controlar o vento nem sua direção, nem sua força. Mas é possível dirigir o seu fluxo, usando-o como acelerador da embarcação, quando ele é favorável, ou se valendo de sua força para mudar o rumo. É esse o poder do Propósito. Por isso ele é um motor. Ele move e gera movimento.

3.1.3.2
O MOTOR DO *ESPRIT DE CORPS*

> ✓ Grupo: baseado no controle
> ✓ Time: colaboração
> ✓ Equipe: esprit de corps

A âncora das relações, que no Grupo é baseada no controle e no Time, fundamenta-se na colaboração; na Equipe é a base do *esprit de corps* – a consciência de que cada membro faz parte de uma mesma coletividade, da qual depende e para a qual contribui. A expressão francesa é geralmente traduzida por espírito de equipe, mas a menção a "corpo" traduz o significado de que cada membro pertence a um organismo e, como tal, sua atuação depende de todos os outros órgãos e células que dele fazem parte e é influenciada por eles. Um simples corte no dedo mobiliza no corpo humano as funções nervosas, que comunicam a dor, e o sistema imunológico, que trata de enviar anticorpos para proteger o organismo de uma eventual infecção, com reflexos no batimento cardíaco, na respiração, na concentração. Enfim, todo o corpo se mobiliza quando um de seus membros é ameaçado.

A relação de interdependência dos membros para o correto funcionamento de uma Equipe como um todo exige a noção de unidade, que lhe confere coesão. Em um corpo, é o cérebro que coordena e organiza as funções e a atividade de cada órgão. A Equipe funciona como um cérebro coletivo.

O reconhecimento da interdependência dos membros de uma Equipe é o pressuposto da atitude de cooperação. Cooperar, etimologicamente, significa trabalhar junto com outro, o mesmo sentido de *co-laborar*, contribuir com o trabalho, o labor, de outro. A cooperação, já presente no Time, assume na Equipe a dimensão de cooperação solidária. Solidariedade deriva, etimologicamente, do latim *solidus,* o que consolida, faz ficar sólido, seguro. Exercer a solidariedade implica fazer-se parte de algo maior, com vistas a apoiar, consolidar, dar solidez.

Solidariedade ⇄ ? Cooperação

Solidariedade implica cooperação, mas cooperação não necessariamente implica solidariedade. Cooperar sem a noção do todo do qual se participa é apenas trabalhar junto. Quem é solidário coopera e colabora com o outro para consolidar algo maior do qual se sente parte e por isso pode ter uma visão do negócio mais abrangente e completa.

Para Walter Schalka, Presidente da Suzano, o *esprit de corps* é uma qualidade indispensável à Equipe. "Como Presidente, pense sempre na regra geral", afirma ele, explicitando a noção de unidade presente no conceito de *esprit de corps* nestes termos: "Um caso específico pode até exigir uma solução específica, mas ela não pode enfraquecer o conjunto, o todo". Times buscam soluções específicas, que, embora por vezes sejam muito potentes, mostram-se incompletas ao longo do tempo. Equipes veem o todo porque integram todas as dimensões, mesmo que antagônicas, de um fenômeno.

Há uma íntima relação entre o *esprit de corps* e o propósito. O propósito do barco, quando compartilhado na Equipe, materializa o que há de comum entre os tripulantes. O *esprit de corps* é a sua abstração, por isso a noção de espírito é tão preciosa no conceito. O *esprit de corps* confere significado à expressão de que estamos todos no mesmo barco. Cada tripulante sabe o porquê da existência da empresa e reconhece nessa causa a motivação para o seu trabalho cotidiano, o que faz com que os tripulantes se orgulhem de estar embarcados. O fruto dessa integração proporcionada pelo propósito comum é o *esprit de corps*, um sentimento de que o propósito pessoal faz parte do propósito da Equipe e da empresa.

Em tal perspectiva, esse motor evoca o sentido da espiritualidade, de uma atuação que transcende a função exercida para permitir conexão com algo maior do que o próprio trabalho, ou seja, um significado compartilhado. A jornada faz sentido e não é solitária. A ação é objetiva, mas tem alma. Ela busca um resultado concreto, mas que tem um significado que transcende a meta. Enfim, o *esprit de corps* é o coroamento da âncora das relações.

A atuação coletiva supera a individual e a atuação individual corrobora o espírito de equipe. Limitações de alguns tripulantes são compensadas por qualidades de outros. A sombra de uns é neutralizada pela atuação de outros e pode, inclusive, ser iluminada pelo brilho desse lado sol. Tal funcionamento confere unidade à Equipe ou à empresa. O motor do *esprit de corps* turbina o motor do Propósito, tornando a embarcação mais leve para que vá mais longe, mais rapidamente e com maior segurança e racionalidade em prol da realização das pessoas, da empresa e da sociedade.

3.1.3.3
O MOTOR DA VALORIZAÇÃO DAS DIFERENÇAS QUE VIABILIZA A INOVAÇÃO

> ✓ Grupo : competências individuais
> ✓ Time : competências coletivas hard ou soft
> ✓ Equipe : competências coletivas hard e soft

A âncora das competências – que no Grupo se restringem a competências individuais e não se convertem em coletivas e no Time configuram competências coletivas de dimensão objetiva e caráter técnico, *hard* (Time Gestor), ou de dimensão subjetiva, *soft* (Time Líder) – transforma-se no motor da valorização das diferenças. A integração das diversas competências dos membros da Equipe materializa a máxima de que um mais um é sempre mais que dois, transformando-as, portanto, em competências coletivas, da Equipe. O processo dialético da atuação e da comunicação em Equipe propicia a soma das qualidades específicas de cada componente e, ao mesmo tempo, a subtração das limitações particulares. Tais operações multiplicam o potencial da Equipe, que passa a ter qualidades que não teria se não houvesse a interação entre os seus membros.

Equipes são capazes de pensar com liberdade, para além das convenções limitantes que tornam a busca de soluções algo fechado nos paradigmas existentes. Ao promover o diálogo saudável, aberto às diferenças de perspectiva, de experiência e de conhecimentos, a Equipe amplia enormemente o seu repertório que viabiliza a inovação. Valendo-se do lado sol dos seus membros, sem temer o inevitável lado sombra de cada um, a Equipe não exclui aquele que apresenta limitação em determinada competência. Isso porque consegue não só suprir a equipe com a atuação de outros membros que tenham a competência que lhe falta como também valer-se de alguma outra competência desse membro que traga a possibilidade de soluções impensadas em grupos que valorizam a homogeneidade e o controle.

Ao receber o desafio de consolidar uma área formada por um conjunto de negócios de naturezas distintas, Alexandre Zancani, do Itaú Unibanco, buscou utilizar o motor das diferenças para acelerar o seu barco. Com negócios tão diversos como banco digital, financiamento de veículos, crédito imobiliário e renegociação de dívidas, Zancani percebeu que a valorização das diferenças, não apenas as dos negócios, mas em especial as das pessoas, seria o elemento central para a criação da "cola" em sua equipe. Com um estilo provocador, definiu para si o objetivo claro de criar a ambiência necessária para a aprendizagem coletiva através do estímulo ao diálogo e a necessidade de incorporar e compartilhar conhecimentos não existentes.

Esse não é um trabalho que se constrói sozinho, definitivamente não. O entusiasmo e a abertura dos liderados, além do apoio de outras pessoas do banco foram a chave do resultado dessa atuação, trabalho esse que a BTA tem o orgulho de apoiar. Em junho de 2020 foi anuciada uma mudança e Zancani passou a ter novos desafios no Banco de Varejo.

A palavra "diversidade" virou moda... pena! Isso gera o risco de tirar a sua beleza. É importante lembrar que a diversidade é uma dimensão muito relevante, e somente o tempo irá revelar as iniciativas consistentes e as que têm cunho apenas mercadológico. Pense nisso e use esse alerta para avaliar o seu discurso e o seu posicionamento sobre diversidade lembrando, também, que a diversidade sozinha não vai muito longe.

> *Trabalhar com iguais é + fácil: reconheça essa armadilha*

O motor da valorização das diferenças, quando acionado com os motores do Propósito e do *esprit de corps*, permite que tais diferenças sejam não apenas acolhidas em clima de respeito, mas valorizadas. Essa é a base do motor da valorização das diferenças, que permite à Equipe evitar o equívoco do estabelecimento de um perfil ideal de liderança, isto é, o desenho de um conjunto de competências que contempla todas as qualidades necessárias à Equipe reunidas em uma só pessoa. Em uma Equipe, nem todos precisam ter todas as competências, desde que o arranjo das competências de cada indivíduo promova essa competência no âmbito coletivo.

Pudemos observar de perto a transformação dessa competência em motor ao acompanhar a gestão do triunvirato que fez a Natura ser o que é hoje. Luiz Seabra, Guilherme Leal e Pedro Passos fizeram história no Brasil construindo uma empresa admirada e, como afirma nosso amigo e colega professor do Insead Joe Santos, "extraordinária". Com o passar dos anos, o sonho extrapolou as fronteiras brasileiras e a empresa se tornou Natura &Co, em um projeto que reúne diversos negócios em todos os continentes: a própria Natura, que deu origem a todo esse sonho, a Aesop, a Avon e a The Body Shop. A região da América Latina, a única que reúne as quatro marcas, é liderada por João Paulo Ferreira, conhecedor profundo da doutrina da Natura, diferencial que ao longo do tempo tem sido cultivado como esteio do projeto empresarial e uma das suas principais vantagens competitivas. João Paulo, com o apoio de Flavio Pesiguelo, Vice-Presidente de Pessoas, Cultura e Organização Natura &Co América Latina, monta sua Equipe tendo como norte a complementaridade. Essa não se copia. Não se pode ter medo de "mexer em time que está ganhando" – e assim agem os Dirigentes com D maiúsculo. João, na sua inquietude de fazer sempre melhor, se desenvolve e cria condições para que o seu time se desenvolva e jogue como Equipe Estadista de modo cada vez mais pleno. Com competência, transforma-se em Equipe Dirigente e, mais, em Equipe Dirigente Estadista. Esses princípios e esse jeito de ser e de fazer foram contagiando pessoas, contagiando os diversos *stakeholders*, com raízes fortes e profundas, e asas ousadas e robustas. São, enfim, um motor relevante do navio da Natura &Co, que globalmente tem o desafio de fazer valer. O triunvirato, um exemplo claro do motor da valorização das diferenças, inspira a quem conviveu com ele.

Funcionando como um corpo, a integração e o entrosamento dos membros de uma Equipe Dirigente permitem a construção do razoável consenso entre as múltiplas e diversas percepções, possibilitando sínteses sucessivas das abordagens de cada tema. Competências *soft*, *hard* e políticas se apresentam como complementares. A ética da convicção e a ética da responsabilidade não se opõem, como querem fazer crer os fundamentalistas e os pragmáticos. O Valor unifica o jeito de ser e de fazer da organização: só é quem faz; você faz o que você é. Onde há sol, há sombra, isso é inevitável. Negar uma coisa é uma forma indireta de afirmá-la. Os dilemas deixam de existir à medida que a sua formulação dicotômica, "ou isto, *ou* aquilo", passa a expressar-se de forma a conjugar "isto *e* aquilo".

O motor da valorização das diferenças pressupõe, pois, a capacidade de integrar os contrários, ou seja, de pensar para além dos partidarismos que impedem a percepção do todo. Tal abertura das pessoas para escutar e compreender ideias divergentes e contraditórias exige o espírito humanístico de aceitar o outro como diferente. Exige também empatia. Tal postura pressupõe humildade para reconhecer que a realidade, sempre uma percepção de cada um, pode não ser exatamente o que eu percebo dela. Tal abertura à dúvida facilita a escuta, sempre em prol da melhor correspondência entre a ideia e a realidade, condição para o acerto das decisões de rota do barco.

O motor da valorização das diferenças é um dos grandes impulsionadores da inovação, competência essencial em tempos disruptivos, seja pelo advento do imponderável, como a pandemia de 2020, seja pela revolução digital em curso. Vivemos em uma era marcada por transformações tão rápidas e disruptivas que conhecimentos e tecnologias se tornam obsoletos em um prazo tão surpreendentemente curto que qualquer previsão do futuro tende a produzir cenários falsos ou duvidosos. Já não é tão fácil mapear a concorrência, pois os modelos de negócio mudam e os concorrentes se transformam, exigindo que a abertura ao novo e ao inusitado esteja presente como competência da Equipe. A incerteza, tão conclamada pelos filósofos como antídoto contra dogmatismos e fundamentalismos, produz, por um lado, a esperança de fazer da dúvida um método, mas traz, por outro, neblina e falta de visibilidade para quem tem a responsabilidade de governar o barco da empresa.

Ainda que a inovação seja festejada pelas organizações, a pandemia da covid-19 mostrou que elas não estavam fazendo o dever de casa a contento.

Com a pandemia, muitas empresas têm feito os seus movimentos de transformação digital, o que tem seu impacto nas arquiteturas organizacionais tradicionais. Somente floresceram as empresas que tinham uma cultura suficientemente aberta. O digital é muito mais do que tecnologia. Aliás, tecnologia é a parte mais fácil da transformação digital.

> *As inovações tecnológicas, acredite, são as mais fáceis*

Para derrubar as paredes concretas e subjetivas da hierarquia e favorecer a integração de pessoas em prol da criação de soluções inovadoras, é fundamental que as competências *hard* e *soft* sejam integradas pelo motor da valorização da diversidade. É ela que promove o trabalho colaborativo e a velocidade cada vez maior exigida por Equipes eficientes nesse cenário. Não dá para mergulhar no mundo digital sem trabalhar a cultura, sem trabalhar o *mindset* das pessoas. Evoluir a cultura, não é suficiente. É preciso romper com comportamentos, hábitos e estilos que já estão no nível do *inconscientemente competente*, ou seja, o hábito está tão consolidado que a pessoa nem sabe que o tem: grande desafio.

Vale conhecer o *case* da Localiza, empresa que, embora muito bem-sucedida, decidiu fazer a jornada de transformação cultural, processo que tivemos, na BTA, o prazer de apoiar.

Fomos convidados pelo então Presidente do Conselho de Administração, Salim Mattar, e pelo seu Presidente Executivo naquele momento, Eugênio Mattar, cofundadores da Localiza. Durante o projeto, Eugênio passou a ser o Presidente do Conselho de Administração. Aliás, preparar a empresa culturalmente para a sucessão dos fundadores foi um dos principais objetivos do projeto. Fundadores sair da gestão não é trivial: fundadores de uma empresa bem-sucedida como a Localiza menos ainda. Bruno Lasansky, primeiro presidente sem o sobrenome Mattar, assumiu a Presidência Executiva em abril de 2021 já em outro ambiente cultural, exatamente como objetivado pelos cofundadores quando do início do projeto da Cultura.

Além disso, um dos eixos dessa mudança foi o tema "diversidade". A empresa, que valorizava fortemente padrões mais tradicionais, com muito sucesso, conquistou ainda mais admiração dos seus colaboradores com a mudança. Por meio de um processo estruturado, proprietário da BTA, em apenas três anos incorporou-se a valorização das múltiplas perspectivas e se construiu valor, de fato. O orgulho dos colaboradores foi fortalecido, o ESG valorizado, tendo-se a diversidade como fonte de inovação. Certamente esse processo permite que a Localiza se habilite melhor para o próximo passo, estrategicamente fundamental, que é a integração com a Unidas. Esse será um importante desafio para a Localiza, considerando-se sua história e seus atributos culturais, o que foi dividido com o topo da organização, com toda a liberdade, típica de conversas maduras, fazendo valor um dos valores culturais da BTA: "cliente na alma", que inclui "o que precisa ser dito é dito".

A inovação é uma quebra no comportamento recorrente. O sucesso é um grande inimigo, pois não raramente deixa as pessoas em situação de conforto a ponto de dificultar os movimentos de transformação para vencer a inércia e sair de seus ciclos normais de funcionamento. As metodologias trazidas pela evolução digital, como *agile*, *squads*, *scrum* e *design sprint*, são necessárias, porém absolutamente inócuas como fonte de construção de valor para as empresas se os seus colaboradores não estiverem verdadeiramente dispostos a ir além "da moda". Para que o método ou a tecnologia a ser usada seja bem mais do que embalagem, é preciso que a base cultural da empresa viabilize a implementação desse método, dessa tecnologia, dessas inovações.

Não se pode ignorar, porém, que a cultura de uma organização é desenvolvida ao longo de anos, ou décadas. Não é algo que se muda do dia para a noite, apesar do desejo mágico de alguns executivos e das promessas quase irresponsáveis de alguns *"experts"*. A construção de uma nova cultura demanda a transformação dos seus principais Líderes e sua efetiva atuação em Equipes que valorizam as diferenças, que querem e precisam do novo, se lançam a ele, mesmo que esse processo envolva dor. Vamos nos aprofundar nese tema no capítulo 4.

Em uma Equipe, a integração das diferenças confere às pessoas a liberdade de experimentar, dada a valorização da capacidade de buscar novas soluções. Erros decorrentes da inovação não podem ser penalizados. Devem ser analisados e tornar-se fontes de aprendizagem. Errar não é bom, mas ruim mesmo é reagir ao erro sem extrair dele aquilo que não se deve mais fazer e, pior ainda, é não consertar rápido o erro cometido. Repetir o erro soa como displicência e vai contra o princípio da autonomia, pilar fundamental das comunidades (*squads*). Nelas, o individualismo é substituído pelo motor do *esprit de corps*. Não se aponta o dedo para os erros, individualizando-os, e muito menos é preciso vangloriar-se sozinho dos acertos. Não há espaço para o individualismo, o valor está na criação coletiva.

O barco que se vale do motor da valorização das diferenças é rico em diversidade, e não somente de competências. Ele agrega a diversidade de outras naturezas, como de gênero, raça, formação e origem.

Cada um de nós carrega sua própria história. Quanto maior esse repertório e maior a capacidade de atualizá-lo com diálogo e produtividade, maior a potência da embarcação em busca do seu Propósito. Com o motor da valorização das diferenças, a Equipe evita a cristalização de verdades e se abre para exercer a sua liberdade de pensar, de inventar soluções criativas, singulares e inovadoras, frutos do livre exercício da sua autonomia.

3.1.3.4

O MOTOR DA CONFIANÇA

[Anotação manuscrita:]
- Grupo = as regras do jogo não valem
- Time = as regras do jogo são claras e valem
- Equipe = as regras do jogo são aceitas e são motor da confiança

Em uma Equipe, a confiança instala um clima que sustenta uma atmosfera de unidade, solidariedade e trabalho conjunto de pessoas. Quando falamos da confiança como motor que acelera o barco, não estamos nos referindo a relações entre duas pessoas, mas a um clima de confiança entre os membros, que cooperam, de modo conjunto, com pesos e contrapesos para que cada um faça o que que lhe cabe.

Vamos nos valer do conceito de confiança desenvolvido na BTA, baseado em dois eixos fundamentais:

- As pessoas devem ser "do bem" e ter sua intencionalidade positiva reconhecida pelo outro.

- Elas devem entregar, de modo consistente, cresultados objetivos ou subjetivos para os quais a combinação das regras do jogo é essencial.

Quando falamos que uma pessoa é de confiança, nos referimos ao fato de ela ter confiabilidade, que é construída ao longo do tempo. À medida que o prometido se cumpre, que o discurso se mostra consistente com a prática, que a entrega é realizada no prazo combinado, com a qualidade contratada ou até superada, a relação de confiança vai se estabelecendo.

[Anotação manuscrita:] Confiança como atributo da relação

A compreensão da confiança como atributo da relação, e não do indivíduo, corrige a objeção à associação da confiança com a ingenuidade. Todos sabemos que o histórico de entregas de uma pessoa não garante a realização de entregas futuras, assim como o histórico de rentabilidade de um investimento não é garantia de retorno futuro desse mesmo investimento. O futuro é sempre probabilidade. E a experiência nos mostra que há sempre algo de imponderável nos cenários do porvir – está aí a histórica pandemia da covid-19 como exemplo. Qualquer pessoa pode ser submetida a tempestades, pessoais ou familiares, que comprometem sua saúde física e/ou mental e, consequentemente, sua capacidade de entrega conforme o combinado. Em uma Equipe, porém, os motores do Propósito e do *esprit de corps* não vão deixar a velocidade do barco ser comprometida nesses casos. Somente em Equipe a eventual inoperância de um participante pode ser superada pela força dos outros participantes quando o motor da Confiança está acionado.

Tal qualidade de uma Equipe a faz funcionar no nível humanístico de convivência, aquele em que o respeito à individualidade dá a cada um o sentimento de pertencimento, de estar ligado e, por fim, por que não dizer, de sentir-se amado. Tal atmosfera de confiança permite ao membro que eventualmente não entregue o combinado – tanto no que se refere às entregas *hard* quanto às *soft*, articuladas pela competência política – buscar apoio para voltar a funcionar a pleno vapor.

Luiz era executivo de uma grande empresa de capital aberto. Seu histórico de entregas na companhia, ao longo de mais de dez anos, era invejável, principalmente em relação a suas competências técnicas e à produção de resultados. O desempenho superior que atingira na liderança de um Time Gestor não se repetiu quando passou a integrar outro Time na empresa. A BTA foi chamada: "Não é justo demitir uma pessoa que tanto fez

> pela organização por tantos anos sem lhe dar chances de voltar à plena forma" – disse-nos o CEO. O apurado diagnóstico da situação demonstrou-nos que a alteração de *design* da estrutura da empresa o havia colocado em um Time que exigia dele competências *soft* e políticas que, de fato, ele não tinha desenvolvido bem. "Luiz é um elefante em uma loja de cristal", foi uma frase que ouvimos de mais de uma pessoa no momento da crise. A intervenção da BTA não foi feita apenas com ele, mas com o Time que liderava e com o Líder ao qual estava subordinado, parte do problema e parte da solução. Luiz não perdeu seu emprego, ao contrário das previsões de alguns dos seus superiores. Ele desenvolveu novas competências, mudou de Time, não de barco, e voltou a realizar as entregas admiráveis de sempre. Não fosse o motor da confiança, a empresa teria dispensado um de seus talentos e Luiz não teria a admiração e a energia que lhe permitem continuar contribuindo com o sucesso da empresa.

No contexto digital em que vivemos, que requer cada vez maior velocidade e autonomia decisória, o motor da confiança se faz fundamental. A confiança, a autonomia, o conhecimento e a capacidade de lidar com incertezas e erros são também competências que ancoram as metodologias ágeis impostas pelo mundo atual. Necessita-se, e muito, da sintonia da Equipe, das boas relações, do *esprit de corps* e da confiança que viabiliza a inovação, sempre presentes em Equipes que valorizam as diferenças. Nos processos de gestão da cultura organizacional que apoiamos, utilizamos, como mecanismos de apoio às mudanças comportamentais, estratégias associadas a movimentos de mudança nos eixos *hard* da organização.

No âmbito sistêmico, a confiança é o motor que ativa o desempenho superior das organizações. As regras do jogo valem como referência. A Equipe, ao compreender essas Regras como a expressão prática de um valor compartilhado, tem a liberdade de, sempre que preciso, retificá-las ou ratificá-las, fazendo isso de forma clara e explícita. Quando há relações de confiança, esse processo é feito com maior tranquilidade, objetividade e abertura.

3.1.3.5
O MOTOR DOS RESULTADOS EMPRESARIAIS EXTRAORDINÁRIOS E ADMIRÁVEIS

- Grupo: resultado coletivo < soma dos resultados individuais
- Time: resultado coletivo = soma dos resultados individuais
- Equipe: resultado coletivo > soma dos resultados individuais

Os resultados empresariais extraordinários e admiráveis são o motor de uma Equipe que trabalha de forma cooperativa as suas diversas competências, compartilha o propósito da empresa, trazendo-o para a alma de sua atuação e tem relações baseadas no *esprit de corps* e na confiança. A Equipe é o arranjo ótimo para que o resultado das ações dos seus membros seja maior do que a soma dos resultados individuais, tanto no curto prazo quanto no longo prazo. O *modus operandi* da Equipe sustenta os seus resultados ao longo do tempo, indo além dos econômico-financeiros, e implica, necessariamente, progresso, prosperidade.

Sem ingenuidade nenhuma, há empresas em que, a despeito do discurso de "resultados empresariais para todos os *stakeholders*", o processo decisório está fundamentalmente sustentado pelo foco nos resultados econômico-financeiros. Ou seja, tais resultados não incorporam as mudanças sociais em curso. É fato que essas empresas não terão vida longa, não terão a admiração dos tripulantes, dos passageiros e das pessoas que estão em torno do barco. As pessoas querem estar em barcos cujos propósitos sejam vividos e tenham significado para elas. Querem, cada vez mais, trabalhar nas empresas que despertam admiração, não aceitam o desperdício e preferem o compartilhamento à posse. A pandemia da covid-19 trouxe muito sofrimento para as pessoas, mas trouxe também a possibilidade de separar o joio do trigo no que se refere aos valores e às escolhas na vida e de vida. Não dá mais para focar só os resultados econômico-financeiros.

A Equipe é veloz, analítica e considera as diferentes faces dos problemas, inclusive aquelas que não são aparentes em seu processo decisório. A qualidade de seus membros, a confiança para discordar e expressar o contraditório, a liberdade de fazer mais perguntas em vez de apresentar respostas prontas, o fato de não precisar ter individualmente todas as respostas nem vencer uma discussão, além do entrosamento, possibilitam a objetividade necessária para a tomada de decisão, que amadurece mais rápido. Quem governa o barco deve saber dirigir contra o fluxo natural das coisas, valendo-se do vento contrário para dar velocidade a ele e aproveitando ventos favoráveis para surfar mais rápido, sem deixar de fazer força para equilibrar a embarcação em velocidade máxima.

A Equipe escolhe a direção, a rota e a velocidade de navegação do barco. Nem todos os que estão embarcados suportam a viagem em ritmo acelerado. Alguns sofrem mais com as guinadas de direção e as alterações de ritmo. A náusea pode ser evitada, ou pelo menos minimizada, quando se conhecem os tripulantes. Em alguns momentos, pode ser interessante navegar com maior prudência não porque o mar não esteja favorável, mas porque a tripulação ou a própria embarcação não suporta a velocidade. Em outras situações, pode ser necessário mudar um ou mais tripulantes.

Em busca de Resultados Empresariais, é importante não confundir alta velocidade com pressa. A pressa não é bem-vinda. Ela gera precipitação e risco desnecessário. Equipes Dirigentes sabem que o longo prazo é feito de muitos curtos prazos. Entregam, portanto, resultados no curto prazo, mas continuam construindo o futuro desenhado pelo Propósito.

No processo de realização de resultados, celebrar as conquistas, tanto as pequenas como aquelas mais difíceis, é outro ponto fundamental. Elas servem de inspiração e ajudam a construir a memória da viagem. Precisam ser comemoradas, o que etimologicamente significa memorar em conjunto. Essa recordação serve de exemplo, ajuda a registrar a história e a ressignificar o futuro. Sempre que a história é resgatada, ela traz a memória de quem esteve embarcado. É esse o sentido da tradição, de trazer o passado para o presente e fazê-lo vivo, contribuindo para a força da cultura do barco. E a competência rara é a compreensão de que conhecer a história em profundidade é passo fundamental para ter lucidez não somente sobre o que é preciso preservar, mas também sobre o que é preciso Retirar, analisando-se com muita serenidade e sabedoria o que se deve Resgatar, Reforçar, Ressignificar, com a consciência de que as mudanças sociais são cada vez mais intensas e é necessário incluir, ou seja, Renovar (Figura 10). É com essa revisita ao passado que se criam as bases corretas, sólidas e fortes para a construção do futuro.

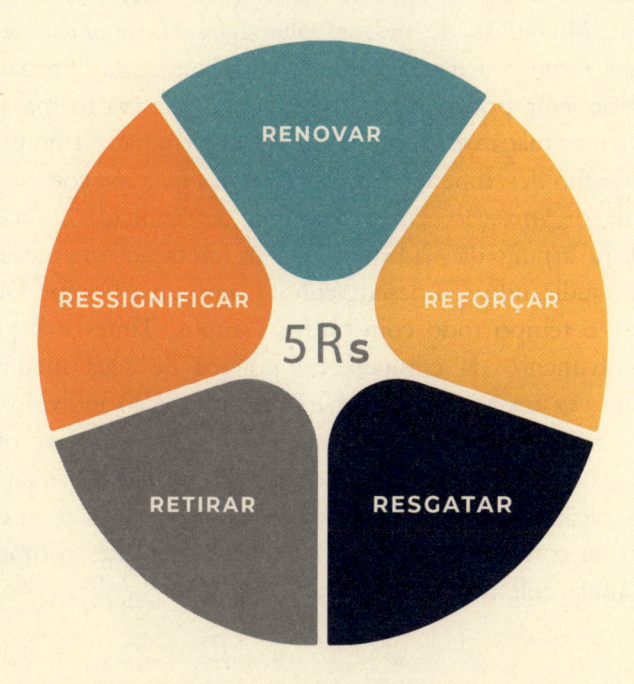

Reforçar os comportamentos e traços culturais que continuarão a ser fonte de vantagem competitiva.
Ressignificar aqueles que precisam ser ressignificados em razão de mudanças sociais e estratégicas.
Resgatar comportamentos importantes que foram perdidos.
Retirar aqueles identificados como destoantes da cultura que se deseja.
Renovar com a inclusão de novos comportamentos que sejam importantes para a prática da Cultura desejada.

Figura 10: Modelo dos 5Rs
Fonte: Tanure, 2021.

Enfim, Equipes são fundamentais para a condução do barco rumo ao oceano azul[XVII] da inovação, aquelas águas por onde nenhuma embarcação passou. São elas que governam o barco, responsáveis por fazer com que as pessoas estejam embarcadas no mesmo projeto e por fazer outras desembarcarem quando seus objetivos não são coerentes com o propósito da jornada, que sustenta a cultura, que lhe dá vida. A conduta da Equipe é uma mensagem viva: tudo o que ela diz – ou não diz – tem um significado para as pessoas, portanto, deve ser consistente com a jornada do barco.

Vale lembrar que a Equipe é o coroamento da dinâmica coletiva, resultado de uma evolução que passa por estágios, como Grupo e Time. Mudanças de pessoas alteram a configuração coletiva, que será sempre o resultado da maioria que se faz presente, que numericamente pode ser uma minoria. Da mesma forma, pessoas podem ter atuação extraordinária em determinada Equipe e não ter o mesmo desempenho em outra ou nas *interfaces* com as demais áreas da organização. Pode faltar-lhes determinada competência, suprida no arranjo da sua Equipe, que na interação com outra lhe faz falta, prejudicando seu desempenho. Como uma Equipe Dirigente interage o tempo todo com outros Grupos, Times e Equipes, o desenvolvimento da competência política de seus membros se faz cada vez mais necessário para que a atuação individual, além daquela tripulação, não seja comprometida. Não se deve observar apenas as competências individuais dos tripulantes, mas também a sua interação com os membros da Equipe. Como as competências podem ser complementares, o arranjo das diferentes competências na dinâmica coletiva também é fundamental.

Na Energisa, o processo de mudança de cultura tem, entre os seus pilares fundamentais, o desenvolvimento da Equipe Dirigente, em um movimento que combina o fortalecimento das competências individuais dos seus membros com a evolução da dinâmica da equipe. Atividades

> que apoiam o desenvolvimento de cada executivo em suas especificidades são sucedidas por momentos coletivos, que visam destacar a complementaridade entre eles para a expansão das competências da equipe. Esses movimentos acontecem de forma simultânea e se retroalimentam: os momentos coletivos evidenciam os traços e competências individuais a ser trabalhados e fortalecidos e estes, uma vez modificados e ampliados, promovem as mudanças necessárias na dinâmica da equipe, a qual sustenta o processo de evolução cultural, que também temos o privilégio de apoiar. Reconhecer e conciliar as diferenças não é um processo fácil – aliás, lidar com a diferença nunca o é. Demanda da Equipe Dirigente disciplina e ritmo para a adoção de novas práticas, que devem fortalecer as relações de confiança entre seus membros. É uma conquista cotidiana, um processo que exige de todos generosidade e abertura.

3.1.4
QUANDO A EQUIPE DO BARCO É UMA EQUIPE ESTADISTA

Uma Equipe Estadista toca o seu barco em direção à prosperidade da sociedade, e não apenas em prol dos resultados da sua organização. É uma das facetas do Resultado Empresarial levada à sua potencialidade máxima. Tempos de pandemia fizeram essa temática vir à tona com força e necessidade imperativas. É uma dimensão cada vez mais alardeada, cada vez mais praticada, mas ainda com um espaço gigante de avanço. Temos convicção de que a crise pandêmica abriu os olhos dos executivos. Aquelas empresas que não mudarem o rumo das suas ações, não passarem a considerar verdadeiramente o bem comum, terão problemas. Enfrentarão a dificuldade de atrair clientes, consumidores, colaboradores, acionistas, fornecedores. Não serão admiráveis, terão um futuro mais sombrio à frente.

Prosperidade da sociedade
⇓
legado do estadista

Equipes Estadistas são usualmente orquestradas por um Dirigente Estadista. É ele quem vai fazer com que a dinâmica da Equipe tenha essa qualidade. Os membros Estadistas de uma Equipe são reconhecidos pela sociedade como lideranças capazes de exercer influência sobre grupos sociais que extrapolam os limites corporativos. São eles que dão o tom para que a dinâmica coletiva seja Estadista. Mas não desanime se o orquestrador da sua Equipe não for Estadista. Desenhe e implemente estratégias para contagiá-lo e trazê-lo para esse lugar, lembrando que o processo de mudança tem quatro fases: precisar, querer, saber e fazer (ver página 231). Leve os seus colegas de Equipe ou o orquestrador dela para navegar nesses novos mares.

Quando a tripulação do barco é uma Equipe Estadista, ela cuida também das águas por onde a empresa navega, do ar que respira e das outras embarcações que por ela passam. Mas não o faz sozinha. Cuida e estimula todos a cuidar. Cuida para que se considere a cultura da organização, para que a cultura tenha esse inequívoco traço Estadista. Além da capacidade de construir pontes, está atenta à qualidade não só do mar como dos rios que deságuam nele, dos córregos que desembocam no rio e podem afetá-lo positiva ou negativamente. Os afluentes, assim como outros barcos a navegar no mesmo oceano, são como *stakeholders*, ou seja, públicos com os quais a empresa se relaciona, direta ou indiretamente, ao longo da sua jornada.

Na Equipe Estadista, há tripulantes com mais capacidade de fazer o trabalho de relacionamento com a comunidade, mas essa é uma responsabilidade de todos. Atenção! Trata-se do relacionamento *com* a comunidade, e não apenas *para* a comunidade, que, portanto, desafia o local de poder típico das empresas tradicionais. Estas, por terem os recursos, fazem do seu jeito, mesmo que muito bem-intencionadas, o que representa outra mudança fundamental dos limites da organização. Tais limites se tornaram menos precisos, mais fluidos e mais coconstruídos.

Apesar de todo o sol de uma Equipe Estadista, há também um potencial lado sombra. Uma Equipe Estadista pode expor a empresa e seus membros não só no ambiente corporativo como também na mídia, no contexto político e no social. A despeito das vantagens que tal visibilidade pode gerar, a dimensão política do estadismo traz consigo, inevitavelmente, riscos sustentados por toda sorte de motivações. O ponto de manejo deve estar sempre ancorado nos valores fundamentais, nas intenções verdadeiras, com consistência e sem ingenuidade. Riscos políticos também existem e serão dimensionados pela qualidade do contexto maior. Vale, porém, um alerta: quanto maior for a instabilidade ou a aridez do contexto político externo, mais necessários se fazem os Dirigentes Estadistas e as Equipes Estadistas, que são o esteio e o motor para que cada colaborador também seja Estadista, ocupando, portanto, o seu papel de protagonista na sociedade. Sem falsas ilusões, mas com o sentimento de esperança de que a sociedade civil e a comunidade empresarial não se apequenem e tomem o seu lugar de timoneiro, de protagonista na sociedade. Esperança do verbo esperançar, e não do verbo esperar.

4
O BARCO

4
O BARCO

4.1
O CHEIRO DO BARCO – O JEITO DE SER E DE FAZER

Em nossa metáfora náutica, o barco representa a empresa, que está imersa na sua cultura. Toda empresa, como toda embarcação, é um espaço sociocultural, composto tanto de elementos tangíveis, *hard*, do sistema organizacional como de elementos intangíveis, *soft*. E, vale lembrar, cultura e liderança andam sempre juntas, são indissociáveis, são faces da mesma moeda.

Cultura é aquilo em que as pessoas acreditam e que praticam naturalmente. Quando falamos de cultura organizacional, falamos do *jeito de ser* (valores nos quais acreditamos e que praticamos) *e de fazer* (a forma como praticamos esses valores) da empresa. Esse jeito está sustentado por princípios, que quando funcionais, mantêm as vantagens competitivas da empresa. A cultura diferencia uma organização da outra. É a cola que integra as diferentes dimensões da empresa, dá vida a ela e a torna única. É a essência!

O jeito de ser e de fazer tem dois eixos principais, que interagem e quando se integram de maneira harmônica viabilizam o crescimento sustentável da organização. São eles:

- o jeito de ser e de fazer negócio; e
- o jeito de ser e de fazer gestão, articulados sempre pela liderança.

Essa divisão é meramente didática, uma vez que ambos interagem totalmente.

Cultura e Liderança:
2 faces da mesma moeda

Cultura Organizacional = Jeito de Ser e de Fazer

Negócios → Liderar → Gestão

O jeito de ser e de fazer negócio está relacionado com o propósito, o modo de empreender, de produzir, de vender, de escolher os espaços de negócio, de escolher os negócios a realizar e seus modelos de negócio. Enfim, é a vida cotidiana do "empresariar". Esse *jeito* também está relacionado à forma de administrar o dia a dia da organização, os seus dilemas: é o que dá a cada cultura organizacional aquele tempero singular.

A cultura regula a forma de administrar os dilemas

Analise e liste os principais dilemas que você vive na sua organização. Eles é que darão o tom da cultura da sua empresa. O que vale, de fato, na hora da escolha, da decisão?

- O cliente, que tem seu valor tão aclamado no discurso oficial da empresa, está no centro das decisões ou a lógica é de produto?

- O cliente é mais importante ou você atende primeiro o chefe?
- O que vale é a satisfação do cliente ou o resultado financeiro de curto prazo?
- A inovação, tão necessária em tempos digitais, é estimulada pela cultura ou é só "para inglês ver"?
- Nas decisões, privilegia-se o planejar, planejar e planejar ou o fazer, fazer e fazer?
- É a ordem que vem primeiro e depois o progresso, ou o progresso vem antes da ordem?

É claro que a maioria das pessoas responderia "os dois" a cada uma dessas questões. Mas não se engane: são esses dilemas e a sua administração que vão diferenciar uma empresa de outra, uma cultura organizacional de outra, um barco de outro.

Os dilemas reais e os falsos dilemas não são poucos. Normalmente regulam não apenas o jeito de ser e de fazer negócio, mas também o jeito de ser e de fazer gestão e liderar o barco. Quanto mais subjetivos, maiores os desafios.

- A empresa tem estilo autoritário ou participativo?
- O que vale mais, a harmonia ou a verdade?
- O foco maior está no cultivo das relações pessoais ou no atingimento de resultados?
- Diante de um problema ou desafio, as pessoas dizem "isso é comigo mesmo" ou terceirizam, apontam o dedo para o outro?
- Pratica-se a meritocracia ou a "pele fina" e a "politicagem" têm mais espaço?
- Fala-se abertamente e sem melindre sobre os erros ou eles são "escondidos"?

Trata-se também, portanto, do jeito de ser e de fazer gestão e liderar do barco. A bipolaridade que usamos aqui é apenas um recurso didático para você identificar quando escolhas realmente devem ser feitas, e não apenas a integração dos contrários. Como já tratamos na página 107, o mundo contemporâneo é cada vez mais do "e", e não do "ou". Ainda assim, as ênfases precisam ser explicitadas, inclusive no que se refere à combinação do jeito de fazer negócio com o jeito de fazer gestão, o que inclui, ou deveria incluir, o cliente e as diversas dimensões da empresa, como pessoas, processos, desenho organizacional (*design*) e governança.

Todas essas dimensões são magnetizadas pelo propósito e articuladas pela liderança. O resultado dessa interação é a cultura. Os resultados empresariais são fruto da integração dessas dimensões (Figura 11). Não se pode desconsiderar a influência do ambiente, de forma geral. Ele influencia as organizações, e as que têm uma gestão competente também influenciam, e de forma significativa, o ambiente.

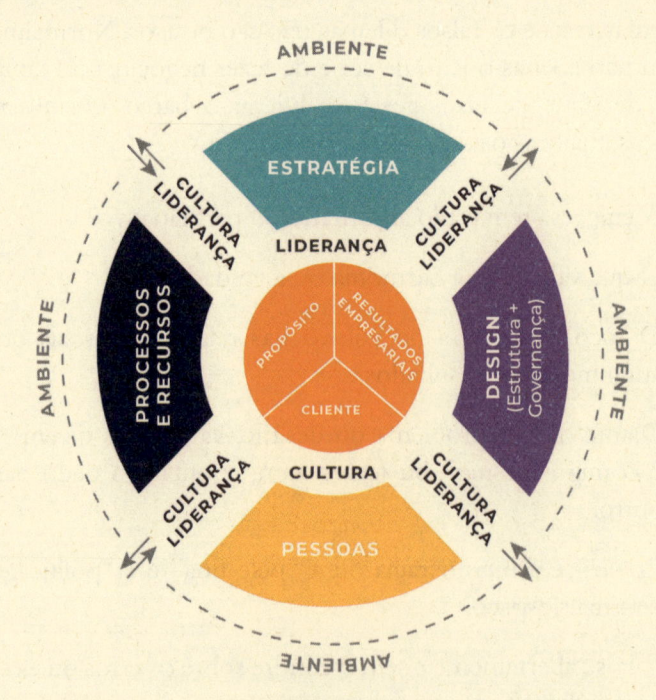

Figura 11: As dimensões de um sistema organizacional
Fonte: Tanure, 2021.
Fonte: Adaptada de Tanure, 2015.[XVIII]

O Propósito direciona as estratégias de negócio e de gestão da empresa, ou seja, seu olhar para o futuro, definindo a lógica empresarial. Como vimos, ele é um dos motores da Equipe Dirigente e deve ser compartilhado por todos os tripulantes do barco como condição *sine qua non* para que se confira unidade e *esprit de corps* não só à Equipe de topo como também a todas as iniciativas da empresa, em seus diversos estratos. O cliente também está no centro, tridimensionalmente, com o propósito e os resultados empresariais. A partir do propósito e do cliente, todas as dimensões interagem e geram, ou não, os resultados empresariais.

A Estratégia, definida com base na identificação dos grandes desafios, determina o rumo e os caminhos para a concretização do Propósito e a realização dos objetivos do negócio. Mas a Estratégia é também a bússola que faz com que se enxerguem, se aproveitem e se descartem as oportunidades. Nestes tempos, as estratégias emergentes têm cada vez mais espaço e, portanto, demandam traços culturais diferentes daqueles desenvolvidos pela grande maioria dos potentes, pesados e grandes transatlânticos.

A Estrutura organiza e regula os recursos da organização, orienta o fluxo decisório e impacta as relações de poder, configurando o *design*, que inclui uma estrutura de governança específica. Nesse sentido, merece toda a atenção o fato de que as premissas das estruturas organizacionais desses transatlânticos pertencem ao passado, a hierarquia é rigorosa e foca mais o "chefe" do que o cliente. Além de representar um grande desafio, pois está na contramão das mudanças sociais em curso e das expectativas das pessoas, isso impacta fortemente os processos, nosso próximo tema.

Os processos de negócio e de gestão definem os recursos organizacionais e o escopo do trabalho a ser produzido, além de regular as atividades, com a finalidade de atingir os resultados empresariais esperados.

Os mecanismos subjetivos, simbolizados pela energia do movimento, além de inspirar a modelagem do Propósito, são gerados pelas Pessoas e pelas Lideranças, tendo a Cultura Organizacional como alicerce do reaprendizado coletivo. A dimensão Pessoas representa a energia de realização e as competências com que a organização conta para viabilizar a estratégia e concretizar os objetivos empresariais. A Cultura e a Liderança fazem a roda girar, determinando o modo como o sistema opera, sua eficiência, seu ritmo e influenciam decisivamente a forma de fazer negócios e gestão.

A saúde da organização, ou seja, seu nível de vitalidade, resulta do modo como esses elementos se articulam e define o cheiro do barco, seu jeito de ser e de fazer, ou seja, sua cultura, a partir de dois grandes e fundamentais pilares:

- a cultura do país, que será objeto de nossa análise; e
- a liderança de topo, cuja jornada se inicia com os fundadores (capítulo 3).

Assim se configura um conceito que em outra oportunidade foi denominado de "cheiro do lugar" pela primeira autora deste livro, em conjunto com Sumantra Ghoshal, professor por muitos anos do Insead e depois da London Business School.*[13]

Alguns barcos vão exalar perfumes que inspiram e motivam os seus viajantes. Outros barcos podem ter o cheiro de organizações burocráticas, que estão mais a serviço da hierarquia, das regras e concepções passadas, arraigadas, do que das necessidades de clientes, consumidores e colaboradores.

Além disso, esse cheiro sofre influências, como as do setor a que a empresa pertence, da geração que está no poder, do gênero, entre outras. É essa a mistura que formará a singularidade de cada organização.

---

[13] Ghoshal, Sumantra, Betânia Tanure de Barros. Estratégia e gestão empresarial: construindo empresas brasileiras de sucesso: estudos de casos. Editora Campus, 2004.

4.2
O CHEIRO DO BARCO TEM TAMBÉM O CHEIRO DO MAR

O cheiro dos rios e mares (simbolizado pelo ambiente na figura 11) por onde o barco passa também compõe o cheiro do barco. Ou seja, a cultura da empresa é influenciada pela cultura do país em que ela se instala. Sobre essa influência, há três teorias diferentes.

Influência da Cultura Nacional

- convergente
- divergente
- *divergência convergente*

A teoria chamada de convergente considera que a organização é livre da influência da cultura nacional, postulando, inclusive, que há um modelo universal de gestão que pode e deve ser adotado em qualquer parte do globo. Nessa abordagem, o cheiro do barco não tem relação com o cheiro das águas por onde ele navega. Diferenças de cultura nacional não afetam o jeito de fazer negócio, o jeito de fazer gestão e o jeito de liderar.

A teoria divergente, pelo contrário, acentua que as diferenças de modelo de gestão entre países e regiões influenciam a forma, o jeito de tocar o barco, de dirigir os negócios. Seu cheiro tem o cheiro do rio ou dos mares por onde transita. Diferenças culturais afetam profundamente o estilo de fazer negócio, de fazer gestão e de liderar.

A terceira abordagem, denominada divergência convergente, postula que práticas de gestão relacionadas ao estilo de convivência, de relacionamento, de liderança são mais permeáveis à influência da cultura do país onde a organização está, enquanto outras dimensões, como a estratégia e o *design*, mesmo que com certa coloração local, tendem a ser mais universais.[XIX] A cultura nacional afeta mais as dimensões *soft* do que as *hard*. Ou seja, segundo essa abordagem, o cheiro das águas influencia o cheiro do barco, porém não se impregna com a mesma intensidade em todas as dimensões da embarcação. A primeira autora deste livro é precursora e defensora da teoria da divergência convergente.

Do ponto de vista da cultura nacional, há três traços centrais, determinantes na cultura de uma organização: o poder, as relações pessoais e a flexibilidade. Eles são como as águas do mar, o fluxo natural das correntezas, que determinam, em maior ou menor grau, o cheiro do barco.

[Anotação manuscrita: A cultura brasileira → Poder, Relações, Flexibilidade]

Todo traço cultural tem potencialmente um lado sol, que ilumina, que acelera na direção correta, que sustenta suas vantagens competitivas. Tem também um lado potencialmente sombra, que drena energia produtiva e atraca o barco a locais incorretos, o que diminui a sua velocidade e, por vezes, o leva para o porto errado.

Vamos então analisar o potencial lado sol e o potencial lado sombra de cada um desses três traços, que são estruturantes na formação e no desenvolvimento da cultura das empresas e do *mindset* das lideranças, das pessoas.

4.2.1
O PERFUME DO PODER

Toda embarcação tem uma estrutura de poder, que pode estar concentrado no timoneiro e em seus representantes na hierarquia ou distribuído na tripulação que governa o barco. O poder exala um perfume que contribui para formar o cheiro do barco.

Do latim *potentia*, poder significa capacidade, potencial para a realização de algo. Poder é a capacidade de influenciar o comportamento de outra pessoa ou grupo. Ele não é negativo em si. Pelo contrário, é uma necessidade psicossocial de todo ser humano, pois é desejável que cada um seja capaz de influenciar as pessoas para a realização de seus interesses ou dos interesses do grupo que representa.

No contexto político, assim como no organizacional e no familiar, a concentração de poder entre as pessoas pode ser maior ou menor.

Quando o poder é concentrado de modo mais desigual, temos como consequência sistemas mais autocráticos. Quando seu exercício pressupõe distribuição mais equânime, a distância do poder é menor e, portanto, mais pessoas exercitam o poder de influência, o que caracteriza sistemas mais igualitários. O processo decisório tende a ser mais descentralizado e as diferenças de poder são menos evidentes.

O psicólogo social holandês Geert Hofstede, com quem a primeira autora deste livro realizou pesquisas e publicou artigos,[xx] construiu uma escala para medir a distância de poder em uma pesquisa que abrangeu mais de 60 países, realizada na IBM. A escala varia de zero a cem. Quanto mais próximo de zero está o poder, menor é a distância de poder e mais equilibrada é sua distribuição. Esse maior equilíbrio se traduz em pessoas mais participativas, relações mais igualitárias, menor dificuldade de se contrapor ao superior hierárquico e maior abertura para discordar de quem tem mais poder sem que isso crie algum tipo de problema. Escores mais próximos de cem, por sua vez, indicam que a distância do poder é extremamente elevada, portanto, há maior desigualdade e maior concentração de poder entre as pessoas com posição hierárquica mais elevada.

O estudo de Hofstede, realizado entre o final da década de 1960 e o início da década de 1970, tornou-se referência para muitas pesquisas, feitas posteriormente em diversos países e em múltiplas organizações, inclusive no Brasil.

Você pode estar se perguntando se serve de modelo um estudo que refletiu um momento em que o mundo era muito diferente do que é hoje. No Brasil, por exemplo, no período estudado por Hofstede, estávamos sob um regime ditatorial, militar, com todos os reflexos naturais desse tipo de governo...

Devemos concordar com você quanto à mudança de realidade, mas alertá-lo de que temos feito atualizações constantes e vamos dividir com você os dados originais, inclusive em comparação com os atualizados. Lembramos que o conceito de cultura é sempre comparativo e, por sua vez, cada pesquisa mede comparativamente os dados coletados. Dessa forma, ainda que o mundo se mova, por exemplo, em uma direção mais igualitária de distribuição de poder, não necessariamente as posições ocupadas pelas diversas sociedades serão diferentes.

Na pesquisa original de Hofstede feita no Brasil, entre as décadas de 1960 e1970, o país estava na parte superior da escala, com índice 69. Na primeira pesquisa realizada pela primeira autora deste livro quase quatro décadas depois da pesquisa original, o país apresentava índice 75 (o mesmo *cluster*) e a distância se manteve estável por aproximadamente duas décadas.

Atualmente, segundo nova pesquisa, de 2021, o índice de concentração de poder no Brasil está em 65. Esse número é ainda bastante alto, e mais uma vez não há mudança de *cluster*: 69, 75 e 65. Ou seja, desde a década de 1960-1970 até hoje o país permanece no mesmo *cluster*. O jeito de ser dos brasileiros, portanto, não apresentou alterações relevantes. Isso significa que os valores básicos, que indicam tendência a um sistema de maior concentração de poder, não mudaram de modo significativo.

É provável que nossos leitores estranhem essa observação, por dois motivos principais:

- É muito relevante a mudança do jeito de fazer no exercício de poder no Brasil de hoje. Em comparação a 30, 40, 50 anos atrás, a forma de expressar a concentração de poder era muitíssimo diferente. Nos dias atuais as salas dos escritórios não têm paredes; os líderes se orgulham em dizer que o sistema não é autocrático como antes; o poder de mando é, muitas vezes, entremeado por conversas ou métodos mais inclusivos e sofisticados. Essa tendência se ampliou no período de pandemia, pois, afinal, da noite para o dia as pessoas que puderam fazer *home office* saíram do suposto controle, até visual, da liderança. Mas seria ingenuidade considerar que o novo *modus operandi* vai se cristalizar naturalmente.

- Algumas grandes empresas, hoje, lutam contra o fluxo natural da concentração de poder de caráter autocrático. Somos testemunhas desses processos de mudança, que apoiamos em várias delas, com muito sucesso. Mas, atenção: quando se decide ir contra o fluxo natural das coisas, não se pode ignorar algumas condições fundamentais, como tempo, ritmo, persistência e método. Para que as empresas de um país como o Brasil, com suas características culturais, tenham uma cultura mais igualitária de norte a sul, de leste a oeste, mesmo que se reconheçam as diferenças entre regiões, é preciso não apenas ter intenção de mudar como também saber persistir no contrafluxo. Muitas *startups* começam operando naturalmente, no contrafluxo, ou seja, de forma pouco hierarquizada. O grande desafio está na sua fase de crescimento. Quando a *startup* cresce de modo exponencial, precisa estar atenta para não ser dragada pela correnteza da burocracia, dos controles para além do necessário e da concentração de poder, já que no Brasil, historicamente, essa é a correnteza natural. As variações entre os estados brasileiros existem, mas são pouco significativas, destacando-se estados do Nordeste, como Pernambuco e Ceará, com média acima da brasileira, além de São Paulo e Rio de Janeiro, com média abaixo da nacional, mas todos com a mesma tendência, sempre acima de 60.

[Anotações manuscritas no topo da página:]

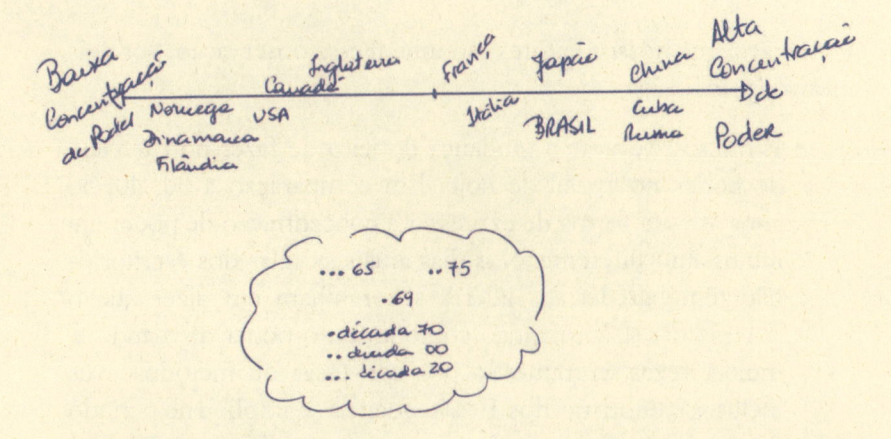

Baixa Concentração de Poder ←—— Noruega, Dinamarca, Finlândia —— USA —— Canadá —— Inglaterra —— França, Índia —— Japão, BRASIL —— China, Cuba, Rússia —— Alta Concentração de Poder →

[Balão manuscrito:]
... 65   .. 75
. 69
• década 70
.. década 00
... década 20

Alguns argumentam que o sistema mais centralizado tem seu lado sol, a agilidade nas decisões. Vale uma ressalva: essa suposta agilidade não se sustenta. E não se sustenta também porque a decisão fica longe da ponta, afastada do cliente. Por mais brilhantes que as pessoas que estão no topo se achem, ou de fato sejam, nunca superam a inteligência coletiva. E em um sistema no qual a concentração de poder é alta, o "chefe" (esteja onde estiver na hierarquia) não acessa facilmente as informações da sua equipe, que tende a não levar a ele as notícias verdadeiras. Portanto, apesar do potencial de rapidez nas decisões, o "chefe" normalmente não tem as informações que a própria equipe tem e, assim, não toma as melhores decisões – que podem até ser rápidas, mas têm qualidade duvidosa.

Sobre o lado sombra dessa centralização, vale ainda ressaltar a delegação para cima: as pessoas não assumem o protagonismo. Predomina o cheiro de comando e controle, de obediência, de hierarquia piramidal, de falta de autonomia e a consequente falta de confiança para discordar de quem exerce a autoridade formal. Cria-se, assim, a postura de espectador, um dos aspectos sombrios da cultura brasileira. Os liderados esperam que seus líderes sejam os grandes decisores. O impacto dessa postura no desempenho da empresa é nefasto.

A postura de espectador foi uma das características observadas no mapeamento da cultura da Duratex, atual Dexco. No início do projeto de transformação, em 2015, a cultura da empresa evidenciava o pouco foco no cliente e a complacência com o desempenho aquém do esperado, segundo o conceito de subdesempenho satisfatório. (Pág. 101). Além disso, era evidente a proximidade do desempenho insatisfatório. Complacência, dependência do chefe e desculpas verdadeiras eram comuns. Observava-se muito esforço, porém sem o alcance dos resultados empresariais necessários. A empresa era considerada ética, as pessoas se mostravam orgulhosas desse traço e, de forma geral, revelavam ser excessivamente confiantes nos controladores e no poder deles. Havia clara resistência ao novo, formalidade hierárquica e pouco senso de urgência, como decorrência da percepção de que a empresa estava segura, era bem-sucedida. A Duratex era uma empresa "bege", sem energia, sem vibração, sem tônus vital.

Tudo isso orientou o processo de Gestão da Cultura e Desenvolvimento da Liderança, que se iniciou com a definição de novos direcionadores, pelo *top management* e pelo Conselho de Administração, que teve importante papel no processo: Salo Seibel, na época presidente do Conselho, Alfredo Villela, que tem uma enorme sensibilidade ao tema cultura, Raul Calfat, Amaury Olsen, Juliana Rozenbaum, Ricardo Setubal, Rodolfo Villela e Alfredo Setubal, que sucedeu Salo no Conselho e foi, ou melhor, e é, um dos entusiastas. "O projeto de cultura foi fundamental para o CEO ser o que é hoje, um CEO com enormes qualidades", afirma Alfredo Setubal, que ainda enfatiza: "Muda-se uma empresa pelo Conselho, aprendi isso com a experiência da Dexco".

Os direcionadores explicitavam claramente o que a Cultura deveria Retirar, Resgatar, Ressignificar, Reforçar e Renovar com base em nossa metodologia dos 5 Rs (modelo na página 171). Além disso, o Propósito da organização foi redefinido e, desde então, direciona as estratégias de negócio da empresa. Temos muito orgulho, na BTA, de ter apoiado esse processo.

Passados mais de seis anos, e depois de muitas mudanças, evoluções e aprendizagens, a Dexco inicia, em 2021, um novo ciclo de crescimento. A BTA é novamente convidada a apoiar: mudança anterior consolidada, muito bem-sucedida, empresa com grande vitalidade (o bege ficou para trás) e pronta para uma nova fase de mudança. Desta vez, o que motiva a empresa não é o desempenho insatisfatório, mas a vontade de ser mais e melhor. Nessa nova fase, a Dexco conta com "pessoas e times incríveis" para que cresça pautada na centralidade do cliente e do consumidor, bem como na transformação digital e na maior explicitação das premissas de *environment, social and governance* (ESG).

São vários os motivos que levam uma empresa a tomar a decisão de mudar. Na Energisa, cujo processo de mudança de cultura também temos orgulho de apoiar, a motivação vem da inquietação do seu Presidente, Ricardo Botelho, acompanhado de seus executivos de topo, como Daniele Salomão Castelo, Vice-Presidente de Gente, Gestão e Sustentabilidade. A inquietação os leva a criar as melhores condições para que a empresa centenária de sucesso continue evoluindo e crescendo de forma sustentável em meio às grandes transformações pelas quais a sua indústria deverá passar nos próximos anos.

Esse deve ser o grande motor da mudança. Aqui a crise não é evidente, não é econômico-financeira, e sim

> proveniente da convicção do Dirigente da necessidade de mudar para que o sucesso e a empresa sejam perenes enquanto ainda há tempo para se preparar para isso. Essa crise é mais silenciosa e exige muita coragem.
>
> Qual é a grande armadilha nesses casos? O boicote, a resistência exacerbada, a rota de fuga: as pessoas podem se negar a mudar a cultura e fazer pressão para que o projeto de mudança seja interrompido, afinal, não há uma pressão concreta, visível, como a relacionada a resultados econômico-financeiros ruins. Podemos dizer, com orgulho, que são admiráveis os resultados desse movimento.

É necessário enfatizar quão sombria é a concentração de poder.

Temos algumas contradições a vencer: ao entrar no sistema de poder, executivos das novas gerações tornam-se, por vezes, tão concentradores quanto seus "chefes". Mas permanecemos em alerta, as mudanças sociais já estão em nossas embarcações, escancarando o lado sombrio desse modelo.

Ainda que por não haver alternativa, março de 2020 foi um marco para as empresas. Obrigadas, de uma hora para outra, a mudar para *home office* todas as operações possíveis devido à pandemia, elas tiveram de buscar novas soluções, novos formatos de relacionamento entre líder e liderado. "Na marra." Mas essa mudança não está ainda incorporada, lembre-se disso!

É premente a necessidade de concretizar a mudança do traço cultural de alta concentração de poder. Em nossa visão, as empresas que não se dedicarem a isso, que não mudarem, ficarão para trás. Elas perderão velocidade, perderão desempenho, perderão talentos. Se você faz parte desse grupo, mãos à obra.

4.2.2
O AROMA DAS RELAÇÕES PESSOAIS

O Brasil tem como traço cultural um forte caráter relacional, cujo aroma contribui para o cheiro do barco das empresas. Esse traço apresenta duas grandes faces, cada uma delas com uma essência que compõe a fragrância:

- **A força dos laços entre as pessoas.** Em culturas mais individualistas, os laços entre as pessoas são fracos. Já nas culturas coletivistas eles são fortes e o papel do coletivo tende a ter maior importância do que o papel do indivíduo.

- **A capacidade de demonstrar as próprias emoções.** Em países como Japão e Inglaterra, as emoções não são demonstradas explicitamente como no Brasil ou na Itália.

Quanto à segunda face, é importante observar que o fato de, em determinadas culturas, as pessoas não demonstrarem suas emoções não significa, necessariamente, falta de afetividade, frieza. Significa apenas que as emoções não são manifestadas de forma tão aberta comparativamente a outras culturas. Veja que interessante: o inglês percebe uma mudança de expressão como sinal exuberante de discórdia ou de concordância, enquanto para o italiano, por exemplo, a mudança de expressão pode simplesmente não ser percebida. Não há certo ou errado, há, isso sim, o exercício permanente de compreensão da própria cultura e da cultura do outro.

Considerando-se as duas faces apresentadas, sem ignorar que o cheiro da cultura organizacional está impregnado do cheiro da cultura nacional, no Brasil valoriza-se o afeto, a proximidade pessoal, a cordialidade e a lealdade. O caráter relacional da cultura brasileira é valorizado pelas pessoas e está presente nas interações cotidianas, embora não seja sequer percebido. Os brasileiros são acalorados, não se retraem ao toque físico, gesticulam, são expressivos e suas falas são fluentes ou até, por vezes, dramáticas.

A lealdade, por sua vez, deve ser analisada na perspectiva da pessoa ou da empresa, conceitos complementares que se contrapõem no cotidiano. A tendência natural da cultura brasileira é a lealdade à pessoa, ao líder, ao amigo.

No barco da empresa, o desafio é transformar essa lealdade pessoal em lealdade empresarial – ao propósito, à estratégia, ao coletivo da organização. Algumas empresas têm muita dificuldade de que seus líderes ressignifiquem esse valor. Tentativas de uma parte da liderança de transformar a lealdade pessoal em lealdade empresarial, que entre outras coisas sustenta a meritocracia, esbarram no medo da perda de capital pessoal e até mesmo no receio da exposição de acordos não republicanos realizáveis em um contexto de maior permissividade.

O lado sol do traço relacional do brasileiro é a proximidade afetiva, que gera um ambiente de companheirismo e colaboração entre aqueles que estão no mesmo barco. Há uma tendência muito grande das pessoas ao comprometimento e à mobilização. Elas entram nos projetos, nas empresas, com o coração aberto. Ligam-se às pessoas e aos projetos de corpo e alma.

Aqui é fundamental ressaltar a potência desse traço em seu lado sol quando a empresa consegue capturá-lo. Tal potência se revela nas relações entre as pessoas que, de modo natural, podem ser mais colaborativas, gostar de trabalhar em equipe, vincular-se com mais facilidade a outras pessoas, ao propósito ou ao projeto empresarial. Essa potência pode ser trabalhada e fortalecida na relação com os *stakeholders*, a exemplo da relação com clientes na sua dimensão do servir, traço tão relevante no mundo atual.

O traço relacional pode sustentar as vantagens competitivas das empresas se – e somente se – houver consciência do potencial lado sombra e de sua correta gestão.

O lado sombra potencial do traço relacional é representado pelo favoritismo e pela mistura das relações pessoais com as profissionais, o que rebate em várias ações cotidianas e pode impedir o crescimento das pessoas, das equipes e da empresa. Um exemplo de ação cotidiana é o fato de não dar *feedback* claro a uma pessoa por receio de que ela fique magoada com a crítica. A avaliação negativa do desempenho de um tripulante que está no mesmo barco é confundida com a avaliação negativa da pessoa.

As relações pessoais e os papéis de autoridade, presentes em toda relação de poder, se confundem. Não é raro ouvir a ideia de que o elogio deve ser dado em público, mas a crítica, por menor que seja, tem de ser dada pessoalmente. Além de ter implícita a ideia de evitar o conflito, tal atitude revela a dificuldade do brasileiro de separar a crítica de trabalho da crítica pessoal. Para o bom funcionamento de uma Equipe, conforme discutido no capítulo anterior, os membros não podem temer a verdade. Críticas e divergências não apenas podem ocorrer no ambiente coletivo como devem assim ocorrer para que se promova a aprendizagem coletiva e se evitem fofocas e triangulações.

Diferentemente do americano, que é capaz de discordar e tecer críticas à entrega de um colega de trabalho, mesmo em público, e em seguida convidá-lo para almoçar, como se nada tivesse acontecido (e para ele não aconteceu mesmo!), o brasileiro tende a não distinguir a crítica profissional ao seu trabalho da crítica à sua pessoa. Chamamos esse comportamento de "pele fina".

Observamos esse traço da Gol no primeiro mapeamento da sua cultura, em 2015 antes de dar início ao projeto de transformação cultural na empresa. Em que pese todo o lado sol de uma liderança tecnicamente competente, jovem, resiliente, que tem fôlego e vontade de fazer a coisa certa, e um Presidente visto na empresa como referência, o mapeamento da cultura realizado logo no início do projeto revelou líderes bastante dependentes do Presidente, ou melhor, das lideranças nos diversos níveis. Cheios de melindres, eles operavam "uma oitava abaixo", ou seja, aquém do seu nível de responsabilidade e competência. Delegavam para cima, resistentes em revelar o que não deu certo, e se mostravam sensíveis demais no recebimento de *feedback* e crítica, o comportamento pele fina citado acima. Ao fim do projeto, o desenvolvimento da cultura, das lideranças e das Equipes, nos seus mais diversos níveis de hierarquia, iluminou essa sombra. Formou-se, assim, um verdadeiro "Time de Águias", como o grupo é chamado, com base nos valores que representa, os quais foram trabalhados na jornada de transformação. Nas palavras de *Kaki*, como é chamado o ex-Presidente, Paulo Kakinoff: "A jornada de transformação da cultura é o grande diferencial da Gol. Foi ela que nos possibilitou enfrentar a pandemia e não quebrar, foi ela que nos possibilitou fazer a mudança de posicionamento de negócio que fizemos. Essa é a minha estratégia de negócio e de gestão, essa é a nossa estratégia de negócio e de gestão".

Os Vice-Presidentes em exercício daquela fase também revelaram esse posicionamento. Celso Ferrer completa: "Quando eu estava no Insead, onde cursava um MBA executivo, pude constatar que o processo de mudança de cultura da Gol estava no estado da arte. Fiquei muito orgulhoso disso. Compartilhei com o mundo essa minha alegria... Eu voltava de cada semana no Insead ainda mais animado". A participação de Celso no MBA Executivo do Insead fez parte da sua formação, do seu preparo, pois naquela ocasião já era mapeado como um possível sucessor de *Kaki*.

Uma transição planejada ao longo dos últimos anos, na qual o Comitê do Conselho de Pessoas e Governança, de que a coautora deste livro é membro, é um dos bons exemplos de governança forte e robusta. Esse é, aliás, um dos fundamentais papéis da Administração. Planejar a sucessão de um Presidente como *Kaki*, "uma pessoa incrível e um profissional extraordinário", nas palavras

> de Constantino Júnior, é uma tremenda responsabilidade. Celso, com a sua competência pessoal e profissional, com o sangue laranja de uma longa carreira na Gol, continua a contar com a parceria de *Kaki*, agora no Conselho de Administração, e com o próprio Constantino Júnior. Celso elegeu três pilares-chave para a sua gestão: Crescimento, Consistência e Proximidade. E dessa forma inicia um novo ciclo da empresa e um novo ciclo da sua própria história, calibrando toda a beleza vivida sob o manche de *Kaki* com as necessárias mudanças que o mundo impõe.

O ditado popular "Aos amigos tudo, aos inimigos a lei" expressa bem a ideia de que as relações sociais podem, em seu lado sombrio, ser uma estratégia do brasileiro de se furtar às regras.

Já nos tempos coloniais, os comerciantes recorriam a amigos e contatos mais próximos do governo português para desembaraçar-se de situações cotidianas relativas aos seus negócios. Era melhor ter um amigo no governo do que buscar soluções formais e legais. Em uma cultura autoritária, marcada pela concentração de poder, uma das formas de buscar a realização de interesses é o expediente das relações pessoais. Como os conflitos não são tratados diretamente, devido ao risco de atrapalhar relacionamentos, de criar constrangimentos entre as pessoas e de comprometer a aparente harmonia do grupo, o brasileiro apela para a força de seus relacionamentos pessoais, caracterizados pela afetividade e pelo sentimento de lealdade às pessoas.

A formação de redes de relacionamento é um valor, o que tem como lado sol a possibilidade de gerar verdadeiras parcerias para a realização de projetos inovadores e ativar a base positiva da competência política (ver Capítulo 2, página 88), mas pode facilitar a formação de "panelinhas", embrião do chamado "capitalismo de laços".[XXI]

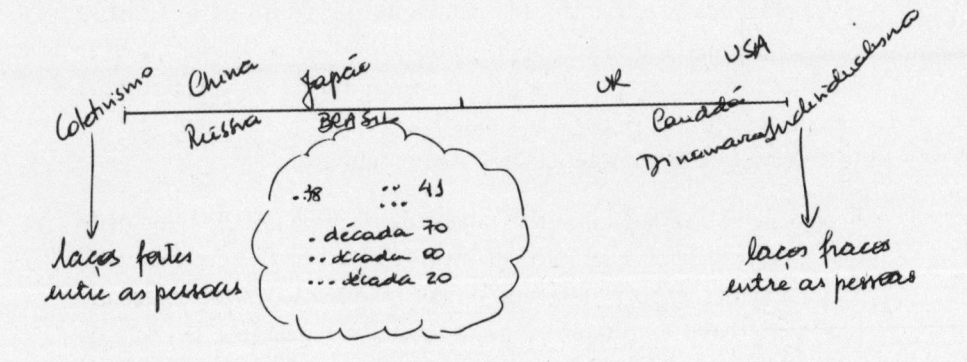

[Diagrama manuscrito: uma linha horizontal com marcações da esquerda para a direita: Coletivismo (China, Rússia, Japão, BRASIL) → (UK, Canadá, USA) Individualismo. Setas indicando "laços fortes entre as pessoas" à esquerda e "laços fracos entre as pessoas" à direita. Nuvem central com: ·78, ··· 41, · década 70, ·· década 00, ··· década 20]

O Brasil, conforme mostrado nas três pesquisas – a original, de Hofstede, realizada no início dos anos 2000 e a atual –, não apresenta diferença longitudinal. Éramos relacionais e continuamos relacionais, com diferenças não significativas entre regiões.

Os diversos traços da cultura interagem em uma relação dinâmica. A seguir abordamos o pilar flexibilidade, gerador do "jeitinho brasileiro", que precisa ser ressignificado para alavancar o desempenho empresarial, uma vez que tem também um megapotencial lado sol.

4.2.3
A FRAGRÂNCIA DA FLEXIBILIDADE

[Diagrama manuscrito: Flexibilidade ramificando em Adaptabilidade e Criatividade]

O terceiro traço basilar da cultura brasileira é a flexibilidade, tão valorizada em seu lado sol por trazer uma capacidade especial de adaptação e uma força natural de criatividade e reação diante de situações adversas. Trata-se de uma fragrância da cultura nacional que influencia o cheiro do barco da empresa. A flexibilidade tem duas faces, a adaptabilidade e a criatividade.

A adaptabilidade é identificada pela agilidade com que as pessoas e as empresas lidam com as mudanças. Os mares passam a ficar turbulentos e as empresas logo procuram ajustar as velas de seus barcos. O conceito de adaptabilidade relaciona-se à capacidade adaptativa que se exercita quando há mudanças.

Já o conceito de criatividade tem um elemento inovador. A criatividade está presente, por exemplo, na música, nas festas do Carnaval, nas atividades esportivas e em outras manifestações da sociedade brasileira, como a arquitetura. Nosso sistema bancário está entre os mais seguros do mundo, inclusive para lidar com o contexto histórico de inflação, que foi um dos motores da flexibilidade. Por outro lado, o número de patentes, no Brasil, é muito pequeno em comparação a outros países e a inovação tem um enorme espaço de avanço. É preciso dizer que, para transformar criatividade em inovação deve haver disciplina, uma das sombras da cultura brasileira.

Com a mesma intensidade desse lado sol, no entanto, temos vivido o lado sombra da flexibilidade, que se expressa, por exemplo, na indisciplina com as regras, com os combinados. Essa é a face indesejável do chamado "jeitinho brasileiro", que precisamos Ressignificar, ou mesmo de Retirar (modelo na pág. 171).

Quando se agrava, esse comportamento abre as portas para o favorecimento unicamente pessoal e, se combinado com a sombra das relações pessoais e da concentração de poder, alimenta, no seu último grau, a corrupção e a impunidade.

Deixamos aqui dois exemplos de como a flexibilidade, aplicada como modelo contracultural em qualquer de suas faces e com disciplina, pode ser efetiva no Brasil na geração de resultados admiráveis.

> Na Energisa, na Gol ou na Suzano, ao contrário do que ocorre em grande parte das empresas brasileiras, observamos, desde a primeira etapa do projeto, a de mapeamento, um traço contracultural em relação ao Brasil: a disciplina com a segurança, valor enraizado na cultura dessas empresas.

> Um dos projetos aos quais a primeira autora deste livro se dedica nos últimos 15 anos é a Associação de Proteção e Assistência aos Condenados (APAC), que desafia a lógica cultural do sistema penitenciário. Uma prisão sem armas e sem guardas onde o próprio prisioneiro, chamado de "recuperando", é responsável pelas chaves da prisão. Disciplina rigorosa, altíssimo grau de responsabilização individual e coletiva e um sistema meritocrático no limite fazem dessa experiência um sucesso. Mesmo considerando-se a imprecisão das estastísticas nessa área, os números disponíveis são impressionantes. Por um custo muito menor, em torno de 20% *per capita* do montante gasto pelo sistema convencional, obtêm-se resultados muito superiores: o índice de reabilitação é cerca de cinco vezes maior. Esse é o exemplo da combinação do potencial lado sol com a mitigação do potencial lado sombra.

Esse traço mudou ao longo dos anos. Atualmente somos bem mais flexíveis do que éramos nas décadas de 1960 e 1970. Por quê? Talvez a estruturante inflação tenha contribuído para isso. O aumento da flexibilidade é uma competente resposta ao grau de incerteza existente; revela que algumas sociedades têm maior dificuldade de lidar com incertezas do que outras. Essa capacidade foi testada e desenvolvida por muitos, também "a fórceps", durante a pandemia iniciada em 2020. Entre os estados brasileiros, São Paulo, Rio de Janeiro e Espírito Santo despontam como os de maior flexibilidade relativa, enquanto Rio Grande do Sul e Bahia são os de menor flexibilidade. Vale ressaltar que, ainda assim, todos os estados demonstram, inequivocamente, essa característica. É uma fragrância que está incrustada na cultura do Brasil.

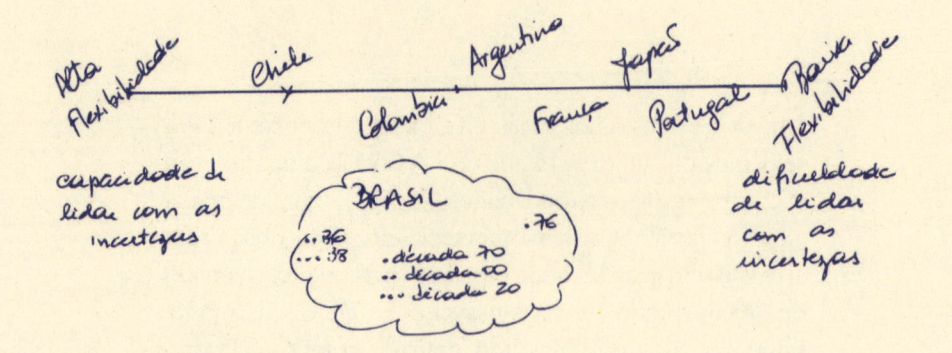

[Diagrama manuscrito: linha horizontal com "Alta Flexibilidade" à esquerda e "Baixa Flexibilidade" à direita, marcando Chile, Colômbia, Argentina, França, Japão, Portugal. "capacidade de lidar com as incertezas" (esquerda); "dificuldade de lidar com as incertezas" (direita). Nuvem: "BRASIL — .76 / ...38 · década 70 / .76 · década 00 / ·· década 20"]

4.3
MUDAR OU TRANSFORMAR O CHEIRO DO BARCO?

Nem todas as empresas precisam transformar-se. No contexto dos cenários de mudanças econômicas e sociais, por mais disruptivos que sejam, todas precisam ser capazes de evoluir e de mudar. Todavia, evolução e mudança sao diferentes de transformação. Tipicamente, empresas necessitam realinhar alguns aspectos da sua estratégia, do seu *design* organizacional, dos seus processos ou da sua cultura e deixar outros aspectos como estão. Isso é mudança e, quando em grau mais suave, evolução. É o mesmo que reformar o barco.

Transformação, em contraste, é um ataque sistemático e simultâneo, em muitas frentes, que altera fundamentalmente o ritmo e o perfil básicos de uma empresa. É como trocar ao mesmo tempo o motor, a madeira e quase todos os recursos do barco.

Alpargatas, por exemplo, passou por um processo de transformação radical, enquanto a WEG e a MRV não passaram. Isso de forma alguma diminui a WEG ou a MRV. Aliás, pelo contrário, até ressalta o fato de que certas empresas se beneficiam de uma força gerencial extraordinária e consistente, que as faz renovar-se continuamente, sem que para isso seja necessária uma transformação perturbadora e dolorosa.

Algumas empresas brasileiras são suficientemente saudáveis e vigorosas para que não precisem imprimir mudanças mais profundas em mais de uma dimensão organizacional ao mesmo tempo. Basta fazer as mudanças que permitam manter a evolução de cada uma dessas dimensões. A Suzano, por exemplo, tem crescido constantemente com o passar dos anos sem precisar da fúria encontrada nas forças de um maremoto. A empresa, que realizou o importante processo de fusão com a Fibria, tem respondido ao cenário digital e às mudanças no consumo de papel ao entrar em novos negócios adjacentes relacionados ao manejo florestal e ao cuidar dos custos de maneira rigorosa. Não houve, entretanto, ao mesmo tempo, alterações fundamentais na sua estratégia, no seu *design* organizacional, nos seus processos. Do mesmo modo, a sua cultura, as suas competências e a sua estrutura de liderança não sofreram mudanças significativas. A fusão com a Fibria, para formação da maior produtora de celulose do mundo, desenha a nova fase da empresa, exigindo mudanças importantes, especialmente na cultura, de forma a capturar o valor construído não apenas pela operação de F&A mas sobretudo pelas mudanças sociais que o mundo vive neste momento, um processo que, do ponto de vista cultural, tivemos a satisfação de apoiar.

A transformação é uma metamorfose. Não ocorre sem dor, muita dor, ainda que seja narrada de forma romântica, com a exaltação do seu lado belo. Como na transformação da lagarta em uma linda e brilhante borboleta, a metamorfose é bastante penosa. Primeiramente a lagarta fica cega, depois perde os membros e finalmente o corpo racha, abrindo-se para permitir que surjam as belas asas. Imagine o medo e a dor. Qual lagarta, se tivesse vontade própria e pudesse escolher, desejaria essa transformação?

Exatamente a mesma coisa ocorre na transformação corporativa. Os processos envolvem medo e dor, intensa para muitos, mas não necessariamente sofrimento. Por isso é tão mais fácil falar de transformação do que efetivamente vivê-la. É fundamental que os Dirigentes tenham a competência de mudar o fluxo natural das coisas e que se valham de metodologias para fazer o processo acontecer de modo mais suave e mais bem-sucedido possível.

Todavia, a maioria dos executivos tem o entendimento intelectual das mudanças necessárias, mas não a experiência de viver a montanha-russa emocional que esse processo de transformação significa. Tal experiência foi adquirida, por muitos, durante a pandemia da covid-19. Aqui, sim, com muita dor e muito sofrimento. Para liderar tal processo, é preciso gerir tanto o aspecto intelectual quanto o emocional, este último muito mais difícil e extenuante. Voltamos ao capítulo dois: quanto maior for a sua robustez emocional como indivíduo, menor será o seu sofrimento e maior a orientação na jornada da transformação

Nas mais bem estruturadas organizações, esse é um processo que não se vive sozinho. Áreas de Gente e Gestão dão – ou deveriam dar – aos executivos o apoio necessário para que eles não só atravessem os períodos de maior turbulência e transformação, mas também consigam envolver e conduzir suas equipes nessa travessia. O equilíbrio entre a ação de apoiar e a de não ser o dono da bola é vivido cotidianamente por Sérgio Fajerman, Diretor Executivo do Itaú Unibanco, e Renata Oliveira, Diretora da área de Recursos Humanos do Varejo, com suas respectivas equipes. Entre os vários projetos que colaboram para esse equilíbrio, está o de desenvolvimento de lideranças que a BTA tem o orgulho de apoiar ao longo dos últimos anos.

A transformação é uma jornada que inclui o que chamamos de Vale da Morte. Em etapas diferentes dessa jornada, a organização experimentará vários tipos de emoção: de euforia, complacência, negação e resistência, seguida de raiva e depressão, a aproveitamento de energia, entusiasmo e comprometimento (figura 12).

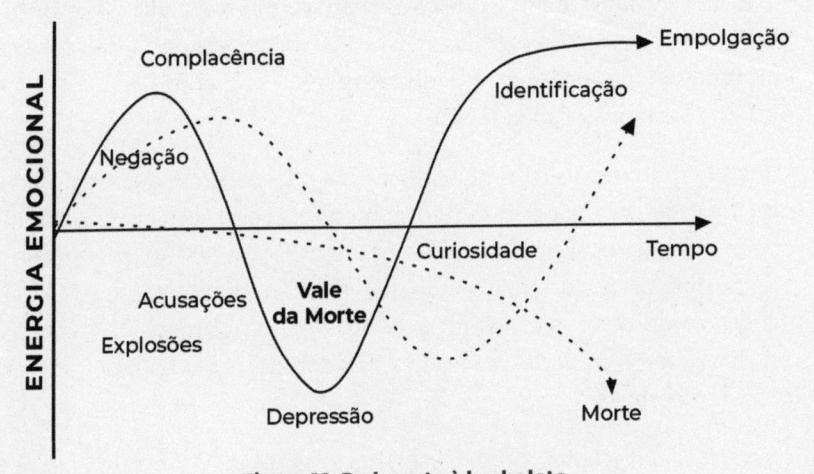

Figura 12: Da lagarta à borboleta
Fonte: Tanure, 2021.
Adaptada de Ghoshal; Tanure, 2004.[XXII]

Em cada etapa a função da liderança é muito diferente, exigindo que os líderes mudem radicalmente de papel no transcorrer da jornada.

Quando as transformações começam a fazer parte da agenda da empresa, a maioria de seus altos executivos sente energizada: "Se tal empresa conseguiu, nós também vamos conseguir!". É uma inebriante sensação de poder, e os exemplos de grandes empresas só servem para aumentar ainda mais a empolgação. Esta é a etapa da euforia entre aqueles que desconhecem a real dimensão do processo – e a etapa da complacência de alguns que, por não conhecer a dimensão dos desafios, não exigem de si mesmos nem do outro as mudanças e os movimentos necessários.

Depois, à medida que as comparações ou o *benchmarking* revelam profundas distâncias entre as competências e o desempenho da empresa comparativamente a seus melhores rivais, a complacência vai, de forma gradativa, dando lugar às justificativas e à negação. Inicialmente ocorre a negação das comparações: "Os números estão errados". Em seguida, já que se torna impossível continuar negando a verdade dos números, tenta-se justificar a situação: "Como você pode comparar nossa performance com a deles? Nossa situação é tão diferente...". Uma vez que os executivos são formados – e muito bem formados – para explicar, nessa fase a empresa é inundada de desculpas, algumas delas verdadeiras (página 62), como chamamos, outras nem tão verdadeiras são.

Uma vez que, aos poucos, as justificativas desaparecem e a conclusão óbvia da mediocridade da gestão se manifesta com toda a sua brutal clareza, negações são substituídas por acusações: "Estou me saindo muitíssimo bem, portanto a culpa deve ser de outras pessoas". "As vendas estão ótimas, a produção é que é 'uma porcaria'". "Não, a produção faz o melhor que pode, considerando-se a bagunça que é a área de compras".

Com o passar do tempo, análises mais profundas revelam que as divergências estão de fato presentes em toda parte: a turma de vendas é absurdamente ineficaz, a produção está muito atrás em custo e qualidade em comparação aos concorrentes, a área de compras tem uma péssima reputação entre os fornecedores. Aí vem, finalmente, a explosão: "Quem você pensa que é para dizer essas coisas? Esta empresa não tem mais respeito pelas pessoas? Onde está a dignidade humana? Onde foi parar a nossa boa educação, a nossa cordialidade? Afinal, por que estamos fazendo tudo isso?" O *sponsor* principal do processo de transformação, os agentes de mudança ou as consultorias contratadas para apoiar a transformação têm de fazer uma leitura clara do *momentum*, ser resilientes para seguir em frente apesar das "reclamações" e ter serenidade para saber que essa jornada não é sempre recheada de satisfação. Nessa jornada há desconforto, dor e a tendência de culpar um agente externo.

Tal explosão tende a ser liderada pelos altos executivos da empresa, tradicionalmente acostumados a ser obedecidos e bajulados. Não brigue conosco, caro leitor, mas não há outras palavras que reflitam tão bem a realidade – sobretudo em países onde ainda imperam relações marcadas pela concentração de poder, ainda que o discurso seja de portas abertas, de participação. Todos sabem que não estão na moda as relações hierárquicas rígidas. No momento em que são expostos à realidade de suas contribuições pífias, de sua latente ineficácia gerencial, tentam driblar essa realidade. A raiva se torna seu único mecanismo de defesa. Alguns até saem da empresa, abandonam o barco. Outros, incapazes de sair, procuram organizar uma contrarrevolução.

Executivos suficientemente fortes para fazer com que a organização ultrapasse essa etapa de explosões chegam finalmente ao ponto mais baixo do vale: a depressão. Aí é que as pessoas encaram a realidade e desistem, ou melhor, param de resistir: "Aceito o fato de que sou um horror. Me deixem sozinho. Vou cavar um buraco bem fundo, deitar nele e morrer". É claro que aqui nós pintamos a realidade com tinta forte; na maioria das vezes não se é tão explícito assim. Essa é a etapa mais difícil de superar. Também é, felizmente, o primeiro sinal de luz: indica que o túnel escuro pode ter fim.

Se houver persistência em meio a todos esses percalços, será vislumbrada a possibilidade de reerguer-se. Surgem a curiosidade e uma sensação de que é possível fazer alguma coisa. Nem tudo está realmente perdido. A empresa tem preciosidades, ainda que pequenas, em termos de recursos, de qualidade, de sólidas competências, além de oportunidades interessantes a ser aproveitadas. À medida que uns casos de mudança bem-sucedida começam a aparecer, pelo menos algumas pessoas passam a acreditar na possibilidade de um futuro melhor.

Se tais crenças forem nutridas, se os sucessos forem identificados e celebrados, se houver apoio e incentivo, a energia voltará. A curiosidade sobre o futuro gerará comprometimento; a sensação de possibilidade se transformará em entusiasmo criativo. Aos poucos, a borboleta surgirá e aprenderá a voar. É nesse momento que se passa pelos ciclos de transformação abordados na Figura 14: precisar, querer, saber e fazer. Antes, porém, vamos a uma questão que atormenta vários executivos. Transformação, mudança de estratégia, de processos, de *design*, de governança, de pessoas. Mas e a cultura? É possível, de fato, mudá-la? Dá para mudar o cheiro do barco?

4.3.1
OS VENTOS DAS MUDANÇAS E TRANSFORMAÇÕES DE CULTURA

Em nossa metáfora náutica, o vento apresenta a mesma dialética de sol e sombra. Por um lado, pode ser um bom sopro que ajuda o barco a pegar ritmo e avançar rumo a seu destino. Por outro, pode ser demasiadamente violento, atingir atividade máxima, a ponto de originar um furacão ou as chamadas tempestades perfeitas, conjunção de várias crises simultâneas como as que abateram diversas empresas brasileiras em 2020.

Ventos são, pois, tendências. Apontam uma orientação de movimento, que pode, é claro, não se realizar, afinal, os ventos, como as tendências, podem mudar de direção. Ventos fortes mudam a cultura de um barco ou promovem o seu naufrágio? Muitos executivos e acadêmicos fazem essa pergunta.

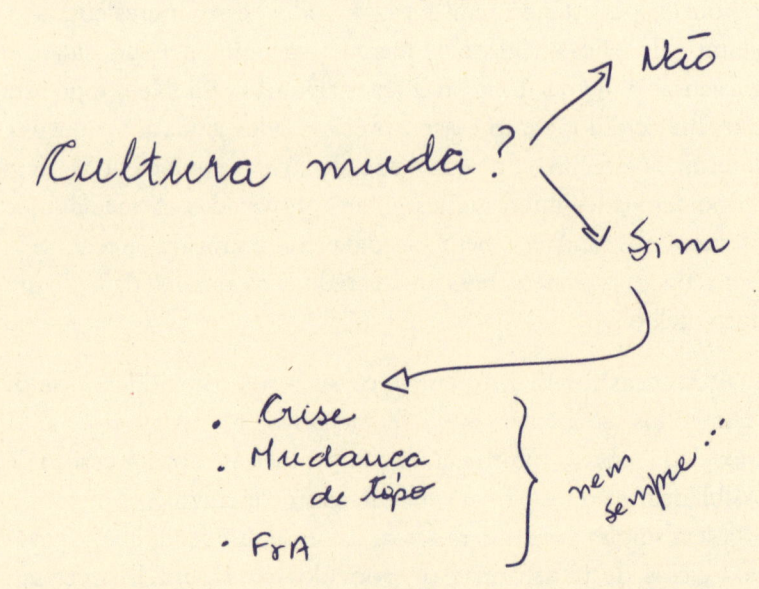

Cultura muda?
- → *Não*
- → *Sim*
  - Crise
  - Mudança de topo
  - F&A
  } *nem sempre...*

Do ponto de vista acadêmico, temos duas correntes. De acordo com uma delas, que tem poucos adeptos, a cultura não muda. A organização morre, mas seu núcleo cultural não é alterado: o barco naufraga, mas sua cultura não muda.

Essa não é a nossa posição. Pertencemos à corrente que defende que a cultura muda. Não é fácil, não é rápido. É necessária uma vontade inegociável da direção da empresa, é necessário um método. É necessário um ritmo, que aliás faz parte do bom método. Nós somos testemunhas de muitas mudanças de cultura e, apesar de o processo ter suas dores, é lindo testemunhar a transformação das pessoas e da cultura das organizações. Tripulação e passageiros respiram outros ares.

São três as principais situações em que se pode mudar a cultura:

- A crise, que não é apenas econômico-financeira.
- A mudança de timoneiro.
- Uma operação de fusão ou aquisição.

Vamos analisar cada uma dessas situações.

Todas as empresas que tem crise mudam?

NÃO! algumas quebram e desaparecem

4.3.1.1
OS VENTOS DA CRISE

A crise é um grande *trigger* da mudança organizacional, bem como da mudança de cultura. Não necessariamente é sinônimo de crise econômico-financeira, ainda que essa seja sua face mais visível e de maior impacto de curto prazo.

Pode ter origem interna ou externa à empresa. No primeiro caso, ocorre quando os elementos do sistema, as dimensões organizacionais, não interagem de modo adequado, afetando a ambiência, o que influencia de forma negativa, mesmo que não imediatamente, os resultados empresariais. Já a crise externa pode ser provocada por ventos os mais diversos. Governos e desgovernos políticos, econômicos, sociais ou até sanitários podem afetar, direta ou indiretamente, a condução dos negócios.

Em situações de crise, quando o vento desestabiliza o barco, todo cuidado é pouco. A tendência é que os tripulantes – se não todos, a maioria – enxerguem primeiramente os riscos, as ameaças, as dificuldades e percam o rumo ou o prumo. Outros, no entanto, mesmo sob tensão ou risco, enxergam brechas para driblar os maus ventos e mudar a direção em mares revoltos.

Assim, os bons ou maus ventos alteram o movimento das águas, trazendo ondas fortes, novos aromas e novos componentes para o jeito de ser e de fazer da organização.

A crise não se manifesta apenas em cenários de conflito, de desequilíbrio. Ela também pode ocorrer por razões alheias a essas situações, na ausência de desarmonia, de ventos externos que ameacem a estabilidade da embarcação. Emerge, por exemplo, quando, ao concluir que a cultura vigente não é adequada para sustentar o próximo ciclo de crescimento da empresa, o Dirigente decide mudar. Aliás, os bons Dirigentes têm elevado senso de oportunidade, percebem a necessidade de mudança antes mesmo de ela afetar o desempenho da empresa. Com sua perspicácia social (pág. 88), eles capturam o seu entorno e agem com rapidez e assertividade.

Aliás, uma alteração não prevista na velocidade também gera uma crise, que também mobiliza os tripulantes e traz mudanças. Naturalmente, porém, as estratégias de mudança de cultura serão diferentes em diferentes casos.

Mudanças positivas, desejadas, também geram "crises", aqui compreendidas como a necessidade de mudar de patamar.

É o caso da Rede Mater Dei de Saúde, que ao fazer a oferta pública inicial (IPO), em 2021, tinha aproximadamente 3.500 colaboradores e duas unidades em funcionamento e, cerca de um ano depois, abrange mais oito unidades, adquiridas em diversas partes do país, além de outras duas novas (*greenfield*), na região da Grande Belo Horizonte. Assim, passa a ter aproximadamente 8.500 colaboradores, número que representa um crescimento gigante, que muda o nível de complexidade da empresa, o nível de governança e o desafio com a cultura.

Como companhia aberta, a Rede Mater Dei de Saúde precisa também evoluir o seu modelo de governança. Seu fundador, o médico José Salvador Silva, um querido amigo da família da primeira autora deste livro, costuma dizer que "na vida é preciso sonhar". E foi assim que, em 1980, criou com sua mulher, Norma, também médica, o Hospital Mater Dei. Disciplinado, Salvador, como é chamado, fez a sua sucessão para o filho Henrique Salvador, que com as duas irmãs, Maria Norma Salvador e Márcia Salvador, todos os três médicos, lidera o crescimento em um setor no qual, como diz Henrique, "as placas tectônicas estão em movimento".

Mudanças de patamar, IPO, aquisições, crescimento e mudança de lógica concorrencial exigem competências *hard* e *soft*, integradas por competências políticas (pág. 88). Exigem ainda a resistência às armadilhas do sucesso e, nas palavras de Henrique, "enorme cuidado com a cultura, nossa essência, base da nossa empresa" que se articula com a evolução do processo de governança, que, aliás, temos na BTA muito orgulho em apoiar. Também não falta à família Salvador a necessária combinação de ousadia, simplicidade e vontade de aprender conscientes de que as receitas anteriores não são mais suficientes.

Desafios gigantes como esse são como ventanias típicas dos movimentos de transformação, das crises, que carregam consigo a incerteza, em maior ou menor grau, como variável significativa do imponderável em um mundo cada vez mais complexo. Com isso, não é possível predizer o que vai, ou não, acontecer. É preciso aprender a governar o barco não somente em mar calmo, mas também em mares revoltos, em maremotos, em contextos de crise latente possivelmente negligenciada ou que passou despercebida. Essa competência de administrar em tempos de incerteza intensa, adquirida por Dirigentes brasileiros no período da hiperinflação, não foi exercitada com a mesma potência nos anos 2000.

Na crise → lideranças emergem / lideranças submergem

A crise traz em si a oportunidade de mudar o cheiro do barco, mudar o jeito de navegar. Na crise, algumas lideranças emergem, outras submergem. Algumas abandonam o barco, outras embarcam para ajudar a promover o processo de transformação. Saber aproveitar os ventos de cada crise – sim, sempre haverá uma crise soprando no horizonte – é fundamental para construir, destruir e reconstruir o jeito de ser e de fazer da embarcação.

Por mais que o timoneiro, a tripulação e, é claro, os acionistas tenham um Propósito, saibam equilibrar as suas competências nas esferas objetivas, subjetivas e políticas, por mais que tenham paixão, comprometimento e disciplina para percorrer o trajeto, não é possível ter controle sobre os ventos e as tempestades que invadem o barco. Não há controle sobre o clima, o calor, as chuvas. Não há precisão na vida. A incerteza não é algo passageiro que a história há de encerrar. Ela faz parte da vida, é preciso criar mecanismos de reação para não submergir, não afundar, não naufragar o barco nem sua liderança.

A verdade é que não existe trajeto sem risco, não existe porto seguro. O mundo empresarial não permite que se pare o barco para descansar. Permite, sim, desembarcar, o que muitas vezes afeta os acionistas e o timoneiro, assim como a tripulação. Eles nunca ficarão no mesmo lugar, tampouco do mesmo jeito.

O crescimento de uma tecnologia exponencial antecede a disrupção, aquele momento em que o vento abala a estabilidade da embarcação, obrigando-a a mudar seu jeito de ser e de fazer, sob pena de naufragar. Trata-se de uma inovação que perturba a estabilidade dos concorrentes que antes dominavam o mercado daquele produto ou serviço. Os ventos da revolução digital são oportunidades para aqueles que se preparam ou que ajustam as velas enquanto comandam seu barco. Para outros, trazem a crise. Os ventos têm mostrado sua força, seu poder de deixar embarcações sem rumo, à deriva. Algumas estão sem porto, outras naufragaram.

Trata-se de uma mudança de lógica, uma mudança social que impacta os modelos de negócio e a cultura das organizações.

4.3.1.2
OS VENTOS DA MUDANÇA DO TIMONEIRO

Uma das razões comuns de mudança de cultura organizacional é a troca de gestão do topo. Isso significa que toda troca de timoneiro gera mudança de cultura? A resposta é não. Aliás, na maioria dos casos, a cultura permanece. Por outro lado, há casos em que, diante da previsão de mudança de timoneiro, faz-se um trabalho de cultura exatamente para que ela não fique vulnerável. É o que ocorre em algumas empresas que têm ciclos previstos de sucessão, assim como em órgãos governamentais, quando competentes Dirigentes focam a construção de programas e projetos de Estado, e não de Governo.

> Um *case* interessante foi o do Banco ABC. Iniciado o processo de mudança de cultura pelo seu Presidente, Anis Chacur, ele, com o suporte do Conselho de Administração e da BTA, preparou a sua sucessão ao longo da jornada. Quando Sergio Lulia assumiu a presidência, tinha o compromisso, entre outros, de dar continuidade à mudança de cultura em curso, que temos, na BTA, muito orgulho de continuar a apoiar.

Nesses períodos, ventos e contraventos balançam a embarcação. Alguns deles tendem a influenciar a condução do barco ou o seu jeito de ser e de fazer, e quando os ventos mudam de forma drástica é razoavelmente comum ocorrerem náuseas. Essa é a hora de checar se as competências e a cultura estão adequadas aos novos ventos. Alguns adquirem novas competências e vão em frente, estabilizando o barco, mudando rotas. Outros, mesmo que compreendam a necessidade e, por vezes, o seu desejo de mudar, não conseguem fazê-lo (ver figura 14). Isso pode ocorrer pelas seguintes razões:

- as competências não são mais suficientes;
- os vínculos afetivos são tão fortes que impedem a mudança; ou
- o timoneiro quer desembarcar.

Nesses casos muda-se, então, o timoneiro.

Se você faz parte do grupo que tem dificuldade de mudar, não minimize a complexidade dessa jornada. É preciso construir uma relação de confiança em outro patamar, pactuar novos destinos e novas rotas de viagem. Ou seja, é preciso estabelecer claramente novos contratos psicológicos com seu time.

Somos testemunhas e apoiamos muitos casos bem-sucedidos de mudança nos timoneiros e de timoneiros.

4.3.1.3

OS VENTOS DAS FUSÕES E AQUISIÇÕES (F&A)

Toda F&A significa mudança de cultura? NÃO!!!

F&A é motivo frequente de mudança de cultura? SIM!!!

Aqui cabe esclarecer uma dúvida tão frequente quanto a que analisamos na seção anterior: em todas as fusões ou aquisições há mudança de cultura organizacional? A resposta é: "não necessariamente". O mais comum é que haja mudanças culturais, sobretudo na empresa adquirida, e essas mudanças podem ser radicais ou não. A aquisição de um novo barco para compor a frota da empresa, ou a fusão da própria embarcação com outra para aumento de porte, tem um pressuposto: a busca de construção de valor. Na prática, no entanto, algumas dessas operações destroem valor: 64% dos Presidentes das 500 melhores e maiores empresas brasileiras que fizeram significativas operações de F&A relatam que não atingiram os objetivos propostos no momento da compra, conforme pesquisa realizada pela primeira autora deste livro. Os motivos principais continuam os mesmos, em diversas pesquisas longitudinais: os desencontros culturais. É preciso fazer diferente! É preciso não repetir os erros!

Embora a integração de duas empresas seja, a rigor, a integração de duas culturas, com todos os seus elementos *soft* e *hard*, muitas decisões de aquisição ou fusão negligenciam a dimensão cultural da operação e focalizam os riscos e objetivos que impactam a transação e os valores envolvidos. Embora a *due diligence* seja uma prática comum, na maior parte das vezes não inclui a parte cultural, um erro que ocorre já no início do processo.

Na maior parte das operações, quando a *due diligence* inclui a perspectiva de gente, o foco é no lado *hard* dos processos de gente e gestão.

É fundamental mapear a cultura da empresa a ser adquirida, na perspectiva de compará-la à cultura da adquirente, e desenhar a cultura que se deseja ter após a combinação, antecipando-se, inclusive, a definição dos ventos que tendem a influenciar a rota dos barcos. Do mesmo modo, um mapeamento mais completo da dimensão "pessoas", que contemple aspectos *soft* e *hard* dessa área, é imprescindível. Atenção: *soft* e *hard*, sempre de forma integrada e coordenada.

Com base na clareza do objetivo da aquisição (*marketshare*, competências, cultura, estratégia defensiva, entre outros), na potencial diferença de cultura entre os barcos, na competência e no tamanho das tripulações, define-se a estratégia de integração. A escolha deve resistir ao ego dos compradores.

Há diferentes estratégias de integração de empresas envolvidas em um processo de aquisição. Na escolha, deve-se considerar os níveis de mudança necessários, tanto na adquirida quanto na adquirente (Figura 13).

Como o ego atrapalha...

NÍVEIS DE MUDANÇA NA EMPRESA ADQUIRIDA (Alto → Baixo)

ASSIMILAÇÃO Empresa adquirida conforma-se à cultura da adquirente **Absorção Cultural**		**TRANSFORMAÇÃO** As duas empresas deixam de existir. Encontra-se uma nova forma de operar **Transformação Cultural**
	MESCLA Soma dos elementos culturais dos dois lados **Integração Cultural**	
PLURALIDADE As duas empresas mantém a independência **Autonomia Cultural**		**MOVIMENTO REVERSO** Caso incomum em que a empresa adquirente conforma-se à cultura da adquirida **Assimilação Cultural Reversa**

Baixo — NÍVEIS DE MUDANÇA NA EMPRESA ADQUIRENTE — Alto

Figura 13: Estratégias de integração cultural para obtenção de resultados pós-F&A

Fonte: Tanure, Evans, Pucik, 2007.[XXIII]

Vamos agora analisar cada uma das cinco possibilidades mais comuns de integração cultural, quais sejam: assimilação, pluralidade, mescla, transformação e movimento reverso.

- **Assimilação**

A compra B
Prevalece A

Na estratégia de assimilação, a empresa adquirida conforma-se à cultura da adquirente. De acordo com a nossa metáfora náutica, é como se o barco integrado à frota do adquirente passasse a ter o cheiro da frota.

A escolha da estratégia de assimilação deve ser orientada pela análise objetiva dos motivos da operação, assim como das competências envolvidas, da consistência dos valores e princípios fundamentais, e não pelo desejo, muitas vezes emocional, do comprador. A propósito, vale observar ainda que a estratégia adotada é, por vezes, "embalada" de forma a parecer diferente do que é. Um exemplo comum: o comprador opta pela assimilação, mas declara que a mescla é a estratégia escolhida. Entende-se que a mescla é a opção politicamente correta, que é sempre a preferência das pessoas da empresa adquirida e que, por tais motivos, a revelação da verdade geraria estresse entre essas pessoas. Não se percebe que tal dissonância aumenta o problema... É preciso escapar da prática de escamotear a verdadeira escolha. A assimilação deveria ser mais comumente utilizada em três situações: quando a adquirida é menor do que a adquirente, quando o que se compra é *marketshare* e nos casos em que a empresa adquirida está em situação financeira muito precária e se tem *management* suficiente para fazer o *turnaround* e a integração, ao mesmo tempo.

Essa estratégia se caracteriza por alto grau de mudança na empresa adquirida (que passa a ter o cheiro do barco da empresa adquirente) e baixo grau de mudança na empresa adquirente. Prevalece o cheiro do barco da adquirente. O cheiro do lugar da adquirida desaparece, mesmo que não totalmente.

Os colaboradores da adquirida sentem muita insegurança, e não somente em relação ao emprego. Tudo os preocupa: a nova forma de agir, de ser liderado, de liderar. Temem ainda que a nova empresa não os queira embarcados e sentem o desconforto de não conhecer as regras do jogo, de não ter sido "educados" naquela cultura, e não raramente ressentem-se de não ter seu *know-how* aproveitado. Têm a sensação de que algo lhes foi tirado. Compete à liderança de topo gerir esse processo, de forma organizada, com o apoio de metodologia de gestão de cultura, para que as pessoas não tenham a sua alma desembarcada e, portanto, contribuam para que o barco continue a navegar com velocidade na rota escolhida.

Administrar sentimentos de perda é fundamental!

Uma empresa que cresceu e desenvolveu essa competência de integração ao longo da sua história foi o Itaú Unibanco. Vamos dar exemplos de três estratégias. Após aquisição de vários bancos que pertenciam ao estado – como o Bemge –, o Banestado, naquela época ainda Itaú, desenvolveu uma metodologia, ancorada em equipe formada com pessoas oriundas de aquisições anteriores, para "itauzar" rapidamente as empresas adquiridas. O Itaú era considerado mais eficiente. O objetivo principal era comprar o *marketshare* dos bancos adquiridos, muito menores do que o próprio Itaú, que tinha corpo executivo suficiente para abraçar a operação. Essa estratégia era, portanto, a melhor escolha. Isso, porém, não significou deixar de aproveitar algumas qualidades desses bancos as quais, mesmo de maneira mais pontual, superavam as do Itaú. Por exemplo: na aquisição do Bemge observou-se que a competência desse banco em lidar com o poder público era maior que a do Itaú naquela época. Aproveitou-se, então, essa competência e o diretor dessa área no Bemge tornou-se o diretor responsável por essa área no Itaú. O objetivo era claro: capturar toda essa competência e incorporá-la à nova empresa, com a consciência de que para isso acontecer seria preciso lutar contra a correnteza.[XXIV]

Essa estratégia é a mais comum e tende a ser perigosa se mal gerida, pois pode trazer contraventos, resistências e até boicotes. É preciso passar pela curva da mudança vivendo e administrando todas as fases para que (Figura 12, pág. 205) as dificuldades sejam vividas de forma mais rápida e se continue a construir a nova empresa.

• Pluralidade

A compra B Prevalece AB (anotação manuscrita)

Na pluralidade, a empresa adquirida mantém a sua independência. O cheiro do seu barco preserva suas características fundamentais, mesmo depois da aquisição.

De modo geral, essa estratégia se mostra interessante em um processo de integração em três situações principais: quando os negócios da adquirida e os da adquirente são distintos entre si; quando a aquisição de competências é o objetivo principal ou quando a adquirente não tem força quantitativa nem qualitativa de *management* para escolher outra estratégia, como a assimilação. A pluralidade ainda pressupõe que a adquirida esteja em situação financeira razoavelmente estável, pelo menos. Outra possibilidade quando a situação financeira é precária é adotar a Pluralidade, mas fazer um *turnaround* na empresa adquirida – opção que, aliás, foi conscientemente tomada pela Natura quando de sua aquisição da Avon, como veremos a seguir. Integração e *turnaround* ao mesmo tempo, na maioria das vezes, é rota para o fracasso.

Recomenda-se ter cuidado para não superestimar a força do *management* da empresa compradora. Muitas vezes, com o entusiasmo trazido pelos ventos das compras, o ego aumenta e se tomam decisões erradas.

Essa pode também ser uma estratégia declarada de gestão de negócio, e neste caso tende a não ser temporária como na maior parte dos casos anteriores. É importante dizer que a "temporária" pode durar anos. Na maioria das vezes, a pluralidade não é definitiva e caracteriza-se por não haver influência significativa da cultura da empresa adquirente sobre a adquirida nem desta sobre a adquirente. O grau de mudança é baixo nas duas empresas, que convivem razoavelmente de forma separada.

Ao longo do tempo, novos sistemas de acompanhamento e controle fazem com que as características da empresa compradora sejam incorporadas aos processos da adquirida. De acordo com nossa metáfora, é como se a empresa preservasse o cheiro do lugar dos dois barcos, não havendo mistura entre eles, e sim a preservação dos dois aromas em ambientes diferentes.

> Essa foi a estratégia escolhida por Roberto Setubal, muitos anos atrás, quando o Itaú adquiriu o Banco Francês Brasileiro (BFB). O objetivo do Itaú nessa operação era reforçar suas competências em um nicho em que o BFB era reconhecido, o de clientes de alta renda e de operações para pessoas jurídicas complexas. Entre os gerentes do Itaú e do BFB, mesmo depois da aquisição, os sistemas de remuneração, os de treinamento, de seleção e mesmo o número de clientes por gerente eram completamente diversos (no BFB era muito menor do que no Itaú). O próprio Roberto, Presidente do banco na época, tinha uma sala em cada lugar. Tudo isso gerava desconforto no corpo gerencial do Itaú, que se perguntava: "Afinal, compramos ou não?" Essa é a inteligência do topo, resistir a certas pressões – resistir ao ego, repetimos mais uma vez. Anos depois, quando se julgou que as competências e a cultura compradas tinham sido absorvidas, elas se tornaram o embrião do Itaú Personnalité.[xxv]

> Outro exemplo interessante é o da Natura &Co. Ao avançar no seu processo de internacionalização com a compra da Aesop e da The Body Shop, a Natura &Co optou, na largada, pela estratégia de pluralidade para apropriar-se de competências de gestão em mercados nos quais elas não estavam consolidadas. Ou seja, é preciso conhecer seus próprios limites e buscar sempre evitar o "encantamento" que leva o ego dos Dirigentes (executivos e Conselho de Administração) a crescer a ponto de influenciar as decisões. Vale mencionar ainda outro aspecto importante dessas operações: a opção pelo *turnaround,* e não pela assimilação, no caso da Avon. A Natura &Co, mais recentemente, adquiriu a Avon, cujo tamanho era bastante maior que o da Aesop, e mesmo da The Body Shop. A Avon tinha uma curva de desempenho descendente. Considerados os aspectos acima, o tamanho da força do *management,* a necessidade de dar uma virada de desempenho, além dos efeitos da pandemia, não houve dúvida: deu-se prioridade ao *turnaround,* e não a uma estratégia de assimilação. O desafio da digestão de uma grande aquisição não é trivial e esse também é um desafio que essa instituição brasileira, muito mais do que uma empresa, tem enfrentado.

Pode parecer ao leitor que o exemplo do Itaú é antigo. Conscientes disso, o escolhemos também por esse motivo. Ele traz uma possibilidade importante de analisar os diversos ciclos ao longo do tempo, o que com a Natura ainda não é completamente possível.

Exemplo correlato foi a aquisição do Banco Real pelo ABN Amro, na época presidido por Fabio Barbosa. O Banco Real era muitíssimo maior do que o ABN, que não tinha competência de varejo no Brasil nem *management* com tamanho suficiente para outra estratégia de integração. A estratégia de pluralidade foi, portanto, corretamente escolhida. Já em se tratando de *corporate* a competência do ABN Amro se destacava, o que sustentou a escolha de outra estratégia, cuja discussão retomaremos a seguir.

• Mescla

> A compra B
> Prevalece AB

Na mescla, ocorre a soma dos elementos dos dois barcos envolvidos na operação. O barco tem o cheiro dos dois ao mesmo tempo. Por isso, podemos dizer que a integração cultural só existe de modo literal na estratégia de mescla. A mescla de atividades, processos, tecnologias e pessoas de duas organizações tem o objetivo de que diferentes jeitos de ser e de fazer se integrem e formem um todo coerente, incorporando elementos um do outro, ou mesmo eliminando elementos, de modo que o conjunto seja harmônico, com o melhor de cada parte. Em geral, o custo de coordenação é elevado, pois a escolha das características de cada empresa que devem permanecer não é trivial. Para viabilizá-la, é preciso neutralizar a emoção que leva ao sentimento de "o meu jeito é melhor". "É que Narciso acha feio o que não é espelho".

> A mescla de aromas
> é uma jornada!

Também é necessário observar outros pontos. O primeiro é que pode não ser simples combinar partes de uma empresa com partes da outra. É certo que não se obtém um "encaixe" de modo natural.

Além disso, pode-se escolher o pior de cada parte... Verdade! Não é exagero. Conceitualmente há espaço para que qualquer um dos dois lados prevaleça, mesmo que de forma discreta. Pode haver disputa entre as pessoas para saber qual dos dois lados vai prevalecer na nova composição.

Mais uma vez, o sucesso ou o fracasso da estratégia será determinado pela condução do processo, com metodologia e pessoas neutras, que o apoiem, sob coordenação do Dirigente e da sua Equipe.

> Hoje, muitos anos depois, podemos afirmar que a estratégia de integração do Itaú e do Unibanco foi a mescla. Nos momentos iniciais, as reações do corpo de cada instituição foram enormes: a maioria dos oriundos do Itaú achava que o Unibanco prevalecia; do outro lado, a maioria dos oriundos do Unibanco achava que o Itaú prevalecia. A percepção era que o discurso de Roberto Setubal e o discurso de Pedro Moreira Sales eram "para inglês ver". Não sem exigir uma grande disciplina dos dois Presidentes, para não dar brecha a jogos políticos, com o passar do tempo consolidou-se de fato a estratégia de mescla.

É mais comum que a mescla se estabeleça nas operações de fusão ou que seja mais temporária nas de aquisição.

> Ainda recente, a estratégia de mescla foi a primeira escolha do Presidente da Suzano, Walter Schalka, liderança forte e visionária, após a fusão com a Fibria. Tivemos, na BTA, o privilégio de apoiar esse processo. A cuidadosa escolha das pessoas do Time Dirigente e dos atributos culturais da nova empresa compreendia a análise do que as duas organizações tinham de melhor. Ao longo

> do tempo a Suzano tem sua influência mais marcada na nova empresa, que passa a ser a maior do mundo no seu setor. Como essa operação ainda é recente, novos ciclos estão por vir.
>
> Vale também ressaltar a interação produtiva, lastreada em confiança, do Walter com o Conselho, notadamente com o Presidente do Conselho, David Feffer. Essa é uma demonstração clara de que a qualidade dos acionistas e do Conselho de Administração faz enorme diferença.

Mesclar aromas com a seleção do que há de melhor em cada uma das dimensões do sistema organizacional não é tarefa das mais simples, mas é uma jornada maravilhosa de aprendizagem, coragem e humildade.

• Transformação

A compra B
Prevalece C_{AB}

Na transformação cultural, as duas empresas encontram novos modos de operar. Essa estratégia se caracteriza pela mudança significativa do modelo de gestão tanto da adquirida quanto da adquirente. Ambas mudam o cheiro do seu barco. Sua história não privilegia nem objetivamente nem subjetivamente nenhuma das duas empresas, apesar de ter, de modo natural, alguma influência de ambas. O propósito da empresa, seus princípios e seus valores fundamentais são questionados e realinhados, com vistas à construção de uma nova organização. O motor da transformação é o valor, nas suas duas faces, o jeito de ser e o jeito de fazer. Metaforicamente, na estratégia de transformação, as duas empresas decidem criar um novo cheiro para o barco, diferente daqueles que cada embarcação possui. Não se trata de misturar os cheiros, como na mescla, nem de mantê-los, como na pluralidade. Com a transformação, a empresa opta por um novo aroma e se compromete a fazê-lo circular em cada canto da embarcação.

> Essa estratégia pode se dar em um segundo momento, após a compra, e não na largada. Foi o que ocorreu com o Banco Real na segunda fase pós-aquisição do ABN Amro. Como dito na página 222, a estratégia inicial foi de pluralidade no varejo e de mescla no atacado. Ao longo do tempo essas duas instituições se transformaram e tiveram o seu núcleo cultural desenvolvido e inspirado na liderança de Fabio Barbosa. Nessa gestão, anos atrás, quando isso ainda não era comum, a sustentabilidade tornou-se elemento irradiador da cultura, da estratégia de gestão e da estratégia de negócio, modelo exportado por Fábio inclusive para a matriz, na Holanda.

• Movimento reverso

[anotação manuscrita: A compra B / Prevalece B / ≠ contra intuitivo ≠ / navegando contra os ventos]

Em uma estratégia de movimento reverso, por fim, um grande processo de mudança se instala na empresa adquirente, com a predominância do modelo de gestão e da cultura da adquirida. Prevalece o cheiro do barco da empresa adquirida.

Possível teoricamente, mas rara na prática, essa estratégia só ocorre quando a cultura da adquirida é considerada, aos olhos do comprador, mais competente para enfrentar os desafios do futuro.

É preciso resistir bravamente às emoções e escapar da armadilha emocional do pensamento "comprei, é meu e será do meu jeito".

A competência do comprador em manejar o seu ego é chave. Além disso, aos olhos do comprador, a cultura da adquirida tem de ser vista como mais adequada ao modelo de competição que, do ponto de vista estratégico, predominará no futuro. Prevalece o cheiro do lugar do barco adquirido, em detrimento do cheiro do lugar do barco adquirente, cujos executivos podem se sentir indignados com o fato de, apesar de compradores, sofrerem a maior mudança. Haja maturidade emocional, haja coração!

No processo de integração, é preciso também ter método, é preciso contemplar, de forma muito cuidadosa, a gestão das emoções do corpo social, especialmente da empresa adquirente. A escolha é contraintuitiva, o que pode aumentar as resistências.

> O exemplo brasileiro clássico é o da Ambev, que nasceu em 1999 da união das cervejarias Brahma e Antarctica. Em 2004 se funde com a Interbrew, transformando-se na Anheuser-Busch InBev (AB InBev). A operação não foi adquirida pelos brasileiros, que, apesar de na largada, junto com os belgas, terem uma importante posição acionária, não eram majoritários. O modelo de gestão e cultura que prevaleceu foi o da então Ambev, reconhecida pelos seus fortes traços culturais, muitos deles contraculturais em relação ao Brasil.

Sintetizando: em todas as estratégias de integração o desafio é significativo, ainda que em graus diferentes, portanto, exceto quando a estratégia aplicada é a pluralidade, a mudança de cultura, pelo menos para uma das empresas envolvidas, está em pauta.

Vamos, na sequência, discutir a mudança não apenas nos casos de fusão e aquisição, mas nas diversas situações.

4.4
MUDANÇA DE CULTURA: PORTOS A VISITAR

Um dos lindos desafios do processo de transformação organizacional é fazer uma análise competente, com método apropriado, do *as is*, de forma que esse mapeamento atinja uma qualidade tal que seja a base da jornada. A partir daí, desenha-se o projeto da jornada considerando-se a distância existente entre o *as is* e o *should be*.

4.4.1
MAPEAMENTO DAS CULTURAS

Para a construção de um projeto de transformação ou mudança de cultura de uma empresa, deve-se primeiramente saber onde o barco está, quais são os seus princípios e a sua essência, construídos e cultivados desde os primeiros anos de vida. Definidas as condições e estabelecido o ponto de partida, pode-se programar o percurso a ser tomado para que o barco chegue ao destino desejado. Esse processo é denominado na BTA de "mapeamento", cujo método é proprietário, bem como o arcabouço conceitual que o sustenta e que considera as peculiaridades típicas da empresa que opera no Brasil, ou no país em que atuar, considerando também a origem do seu controle acionário. Vai identificar o *as is*, ou seja, fazer o diagnóstico da cultura da empresa a fim de construir quadros de referência que orientem o movimento e a elaboração da agenda da transformação, o *should be*.

Um mapeamento mal feito ou superficial coloca a empresa em risco...

Qualquer que seja a estratégia de mudança cultural, é preciso prever que haverá ventos durante a viagem. Náuseas e enjoo nas pessoas embarcadas irão acontecer. Nesses momentos, é fundamental a atuação da liderança de topo, sustentada por um método que considera os diferentes ciclos do processo.

Um ponto a ser ressaltado é o papel que os Conselhos de Administração devem ter, mas nem sempre têm, nesse processo. Faz parte do escopo do Conselho discutir o *should be*, sempre ancorado na essência da organização, nos seus princípios básicos e fundamentais, distinguindo o que é preciso preservar e o que é preciso mudar: esse é um papel estratégico quando se constrói ou se destrói valor.

Vamos então, agora, continuar a mergulhar na jornada da mudança de cultura.

4.4.2
A JORNADA DA MUDANÇA DE CULTURA

Como se vence uma tormenta? Como se sai vivo de um maremoto? Transformando-se em borboleta e buscando-se novos mares, novas águas, novos cheiros para sustentar novos ciclos de sucesso. É possível ocorrer um novo ciclo de sucesso quando o barco pode ser reformado, quando precisa de ajustes mais pontuais ou quando tem toda a sua arquitetura remodelada.

A mudança da cultura de uma empresa, do seu jeito de ser, difere dos processos de evolução, nos quais ocorre fundamentalmente o ajuste do jeito de fazer da empresa (Pág. 182).

A evolução se dá quando os princípios, que são os valores fundamentais (o jeito de ser), não se alteram, mas há mudanças em nível de operacionalização de valores (o jeito de fazer). Essa evolução é influenciada, por exemplo, pelas mudanças sociais que acontecem ao longo do tempo e que o cheiro do barco precisa incorporar. É muito importante, porém, você ficar atento pois mudanças no jeito de fazer podem parecer simples, mas não são. Também exigem método e maestria para gerir os diferentes ciclos da jornada.

A mudança de cultura, por outro lado, pressupõe, além de alterações no jeito de fazer, alterações no jeito de ser. Trata-se de um processo mais profundo e que, portanto, demanda uma diferente metodologia.

4.4.2.1
BOAS INTENÇÕES NÃO BASTAM

Não se muda a cultura de uma empresa apenas com boa intenção e determinação. É preciso ter método e conhecer o processo em sua totalidade, até para saber lidar com o inevitável zigue-zague da condução do barco, ou seja, com a possibilidade de ir para um lado agora e para outro lado depois, ajustando as velas da embarcação durante a travessia, cujos ciclos de transição são conhecidos.

Existem condições que asseguram as probabilidades de sucesso ou fracasso dessa jornada. O mais comum é que o processo leve de dois a três anos, mas tem de ter ritmo, velocidade e intensidade de ações. Embora o papel da área de pessoas seja absolutamente essencial, fundamental na jornada, devem estar presentes o timoneiro do barco, geralmente o CEO, que é *sponsor* de todo o processo, em conjunto com o Conselho. O *sponsor* é também parte do processo e precisa de apoio para se transformar. A consistência entre pensamento e atitude e entre ideia e ação é, pois, fundamental para dar credibilidade ao processo.

O desenvolvimento da liderança nos seus diferentes níveis, é um dos pilares de sustentação da arquitetura do processo de transformação. São as pessoas que promovem as mudanças. São elas que tomam as decisões que vão afetar, positiva ou negativamente, o negócio. Seu desenvolvimento tem de estar no mapa, em todas as fases da jornada. Não adianta ter uma embarcação robusta se não há quem saiba governá-la bem. A conduta da liderança é uma mensagem viva: tudo o que ela diz – ou não diz – tem um significado para as pessoas e, portanto, deve ser consistente com o propósito da transformação. O impacto do processo de mudança de uma empresa exige que o Conselho de Administração, nele incluídos os acionistas ou aqueles que representam seus interesses, esteja embarcado na causa da transformação, observadas as singularidades e a boa governança. Ou seja: boas intenções são fundamentais, mas não bastam. É preciso compreender, também, os quatro ciclos que as pessoas, os times e a organização vivem no decorrer da jornada de transformação da lagarta em borboleta (Pág. 205).

4.4.2.2
OS QUATRO CICLOS

Estruturamos didaticamente os quatro ciclos com base na compreensão de que eles se superpõem e "rodam" várias vezes no processo de mudança da cultura. À medida que algumas mudanças são incorporadas à prática (o fazer), outras surgem e o ciclo começa a rodar novamente (Figura 14).

CONSCIENTIZAÇÃO
"EU PRECISO/ A EMPRESA PRECISA"

CONSOLIDAÇÃO
"EU FAÇO/ EU SOU A EMPRESA FAZ/ A EMPRESA É"

MOBILIZAÇÃO
"EU QUERO/ A EMPRESA QUER"

DESENVOLVIMENTO
"EU POSSO/ EU SEI A EMPRESA PODE/ A EMPRESA SABE"

Figura 14: Os ciclos da jornada da mudança de cultura
Fonte: Tanure, 2015.[XXVI]

PRECISAR

O primeiro ciclo, do **precisar**, é a conscientização da necessidade de realinhamento e transformação, traduzida pelas expressões "Eu preciso" (no âmbito individual) e "A empresa precisa" (no âmbito coletivo). A compreensão das causas que podem levar o barco ao naufrágio ou, ainda, a navegar com dificuldade, longe do desempenho almejado, é fundamental como ponto de partida. Saber onde se está é o primeiro passo para construir a utopia de como a embarcação será no futuro. Também, diz o ditado, não há bom vento para o marinheiro que não sabe onde é o porto. Quando se sabe aonde o barco precisa chegar e se conhece a sua real condição de navegabilidade, torna-se possível compreender os impactos que a empresa sofrerá se o modo operacional atual for mantido. É importante também estar atento às condições estruturais do barco e às competências individuais e organizacionais.

No caso de dúvida sobre a necessidade de mudança, é muito útil confrontar dados, compará-los com os do mercado qualificado e fazer a projeção do que vai acontecer com as pessoas e com a empresa caso não haja mudança. Essa é uma fase que foca mais a racionalidade. Idealmente cada pessoa embarcada no processo deve dizer "Eu preciso", "A empresa precisa". Mas sabemos que condição ideal não existe! E um bom método considera que nem todos estão embarcados!

QUERER

Vamos então ao segundo ciclo: **querer**. Para que um processo de mudança da cultura da empresa aconteça, é preciso que ocorra a compreensão racional da necessidade de mudança (precisar) e que isso esteja associado a um engajamento pessoal e emocional, traduzido nas expressões "Eu quero" (no âmbito individual) e "A empresa quer" (no âmbito coletivo). Desejo de mudar, emoções e sentimentos estão na raiz do processo de transformação, especialmente quando o foco é o desenvolvimento de um novo cheiro para o lugar. A percepção de fazer parte de um projeto com significado atrai, mobiliza, desafia e estimula o aprendizado. Todos devem estar embarcados no processo.

A competência da liderança para escutar e para ouvir o que não é dito é fundamental. Muitos são os medos de mudança. As pessoas tendem a enxergar as possíveis perdas e dificuldades antes de enxergar os ganhos. A liderança, portanto, tem o papel fundamental de compreender a singularidade de cada liderado e agir de forma situacional em nível individual e com o apoio da comunicação no coletivo.

Nesse momento, portanto, a Equipe Dirigente tem papel ímpar, pois cabe a ela mobilizar a liderança para que haja a construção do compromisso de embarcar na jornada da transformação. Para a construção desse compromisso, é fundamental compreender a comunicação como elemento integrador importante e essencial nessa jornada. Todos. Idealmente, precisam se sentir embarcados em um projeto comum – "Eu quero", "A empresa quer". Novamente a história se repete: condições ideais não existem e um bom método considera o dado da realidade.

SABER

Realizada a fase da Construção do Compromisso, dá-se início ao terceiro ciclo de transição, o ciclo do **saber**, com a construção conjunta da agenda de desenvolvimento organizacional. Ela se faz no âmbito das pessoas e no âmbito dos processos e das demais dimensões do sistema organizacional. O "Eu preciso/A empresa precisa" e o "Eu quero/A empresa quer" ativam o "Eu posso, eu sei/A empresa pode, a empresa sabe". A consciência e a intenção ganham a companhia do poder e do saber, condições para a transformação efetiva, que permite ao tripulante o domínio de competências para exercer o papel de protagonista e construtor do futuro. Tanto os tripulantes quanto o barco precisam ter as condições para que a jornada seja feita na velocidade e na rota adequadas em direção ao destino projetado. O mais comum é que as competências já adquiridas não sejam suficientes. Isso gera ansiedade, mas também, por outro lado, uma tremenda oportunidade de desenvolvimento, que nem todos aproveitam integralmente A aquisição de novas competências, objetivas, subjetivas ou políticas, alimenta o "Eu sei/A empresa sabe", preparando então o quarto ciclo: o do **fazer**.

FAZER

O quarto ciclo de transição realiza a desejada coerência entre o jeito de ser e o jeito de fazer: "Eu faço, eu sou"/"A empresa faz, a empresa é". Ambos se unificam pela prática dos valores. Diretrizes operacionais e políticas, processos de gestão, símbolos e ritos estão consistentes com o novo ciclo de Cultura desejado. Nessa perspectiva, as pequenas vitórias devem ser comemoradas e divulgadas. As pessoas que se fizeram importantes para a transformação devem receber reconhecimento. Nessa fase, o jeito de ser e de fazer almejado e desenhado no início do projeto se faz presente no cotidiano da empresa. Nesse momento, a empresa se encontra preparada para as surpresas que o ambiente lhe reserva. Tempestades como crises econômicas, ou tsunamis, como a crise do coronavírus de 2020/2021, encontrarão uma embarcação capaz de passar pela tormenta com maior competência e maior probabilidade de sucesso.

Considerando-se que a jornada é dinâmica, esses quatro ciclos, representados na figura 14, "giram" várias vezes em espiral durante a transformação, como já falamos, mudando, portanto, de complexidade e de contexto, uma vez que o processo é dinâmico. As ações e as reações das pessoas dão os sinais para que se ajuste, sempre que necessário, o governo do barco durante a jornada. Dentre esses mecanismos está a praticagem. Em poucas palavras, é a execução de planos de ação individuais ou coletivos que expressam o novo jeito de ser e de fazer. Temos, na BTA, métodos que aceleram esse processo de praticagem em nível Individual, de Equipe e Coletivo.

É essa dinâmica positiva que vai gerar os Resultados Empresariais Extraordinários e Admiráveis. Por isso o compromisso da Equipe Dirigente é imprescindível, sem a fantasia de que toda a equipe parte para a viagem com o mesmo desejo e empolgação. Isso não acontece. O apoio técnico ao processo tem de primar pelo rigor metodológico e conceitual, com a flexibilidade necessária de ajustes ao longo da jornada, que sem dúvida serão necessários. Flexibilidade e rigor – ao mesmo tempo.

4.4.2.3
EMBARQUE: O PAPEL DE CADA UM

4 papéis principais

- *espectador*
- *ator*
- *protagonista / autor*
- *antagonista*

O processo de mudança pressupõe a explicitação de um novo jeito de ser e de fazer. Os comportamentos desejados passam a ser requeridos de todos os que estão no barco. O jeito de ser e de fazer aponta o destino do barco e a rota que se deve seguir para chegar lá. Ele orienta os comportamentos desejados e aqueles que não são admitidos.

É função da liderança identificar o papel que cada um desempenha – e os papéis mudam ao longo da jornada –, alinhar os colaboradores para que remem juntos e construam uma base de percepção comum sobre o futuro, com entusiasmo e compreensão da necessidade de mudar, ou seja, dos riscos de manter o atual modo de navegar. Se cada pessoa remar de um jeito, o barco perde o prumo, corre o risco de virar.

Nesse processo, as pessoas podem assumir quatro papéis: de espectador, ator, protagonista, ou autor, e antagonista.

O ESPECTADOR

Fruto também do autoritarismo ainda presente na cultura brasileira, o espectador se manifesta independentemente do nível hierárquico, refletindo-se em comportamentos como passividade, baixa iniciativa e "delegação para cima". Uma das empresas que apoiamos no processo de mudança tinha uma frase emblemática: "Quanto mais escondido você estiver, menos para-choque arranhado e mais rápido você é promovido". Se uma pessoa discorda de quem tem mais poder, ela teme sofrer retaliações, pois crê depender do bom relacionamento com o "poder" para conseguir indicações e reconhecimento. Com essa postura, não participa e evita dar *feedbacks* claros que signifiquem algum risco. Obviamente esse comportamento não é sustentável no mundo atual. Está no barco como turista.

O ATOR

Outras pessoas não querem participar do processo de transformação ou não sabem como mudar. Preferem fingir que estão embarcadas, assumindo o papel de ator, não se posicionam autenticamente nas iniciativas e nos esforços de alinhamento das condutas e decisões ao jeito de ser e de fazer; podem inclusive mentir para agradar e obter algum reconhecimento de sua obediência. Cuidado, tenha atenção, ouça o inaudível e lidere para que as pessoas saiam da posição de atores para a de protagonistas, autores na jornada.

O PROTAGONISTA: autor

O papel que interessa a essa altura do processo é o de protagonista, aquele que deseja escrever o seu nome na história, como autor, como participante ativo, responsável pela jornada. O autor traz a sua alma para o barco, sente-se comprometido com o projeto e usa de forma positiva a capacidade de adaptação que o traço cultural flexibilidade lhe traz. Como sabe o que precisa e assume o querer, o autor é o protagonista indispensável da mudança do fluxo natural das coisas e fará o barco navegar no rumo escolhido por causa do propósito e pelo propósito. É importante apoiar os protagonistas no seu papel, pois ser autor também envolve riscos. É estar um passo à frente da maior parte das pessoas. Demanda tempo, energia e o exercício de novas competências.

O ANTAGONISTA

O quarto papel possível é o do antagonista, aquele que não concorda com a rota. E o pior: joga contra. Por mais que se acredite no processo de ensino, é preciso reconhecer que a aprendizagem acontece sempre no aprendiz. A premissa de um trabalho de cultura, quando não há situação limite, deveria ser a de embarcar todos, embora isso não seja possível. Mas há um ponto decisivo em que se deve ponderar se essas pessoas são ou não causa de atraso da viagem, ou até mesmo se atrapalham a direção do barco. Compete aos Líderes, apoiados com o correto método, fazer essa avaliação.

Caso os antagonistas não mudem de papel, é necessário o seu desembarque. Quando antagonistas deixam o barco, o simbolismo desse gesto precisa ser capturado, pois revela que o barco tem rumo. E é legítimo não querer mudar: neste caso o desembarque é melhor para todos.

O Barco zarpa...

À medida que o barco zarpa em maior velocidade, é natural que muitos tripulantes se sintam nauseados. Há "remédios" para isso e eles devem ser ministrados. Algumas pessoas de quem se esperava o desembarque abraçam a causa e se tornam protagonistas ativas do processo de transformação. Outras, nas quais se apostava que entrariam no barco para valer, não correspondem à expectativa.

Nos processos estruturados de mudança de cultura, espera-se que em torno de 20% dos membros da tripulação estejam engajados (como protagonistas, autores), o que faz com que os 60% que estão indecisos se movam na direção da transformação desejada. Os indecisos incluem normalmente os espectadores e os atores. Outros 20% dos tripulantes puxam na direção contrária, resistindo, sabotando: são os antagonistas. Na ausência de uma gestão adequada do processo de mudança, o número de antagonistas é maior e pode até inviabilizar a transformação.

O alinhamento depende da atuação e do compromisso da liderança. A BTA dispõe de metodologias especializadas para que cada colaborador desempenhe o seu papel na viagem.

O exercício do papel da liderança na agenda da transformação estimula os comportamentos que impulsionam e identifica os que restringem o movimento de mudança, provocando-se ações práticas que geram resultados de curto prazo e preparam transformações, como a revisão de símbolos e rituais e a atualização de políticas e sistemas de gestão.

Como foi dito, as avaliações para eventuais ajustes de rota fazem parte da viagem. O governo do barco exige sabedoria e experiência para administrar correntezas que podem exigir mais energia do que a disponível em certos momentos. Algumas tempestades merecem ser enfrentadas; outras não são necessárias. Cada barco navega de um jeito em sua jornada de transformação e é preciso reconhecer os pontos de ajuste ao longo do processo e dar mais velocidade ou mais ênfase a pontos diferenciados. Assim, a cada etapa é implementado um conjunto de ações e programas para mapear as mudanças observadas e apresentar recomendações de ajuste e de melhoria, papel geralmente reservado à consultoria que acompanha o processo.

Uma das potentes metodologias que a BTA desenvolveu nesse processo é a formação de um Grupo de Referência, com o objetivo de acelerar a jornada e apoiar o timoneiro do barco e a Equipe Dirigente, que são os aceleradores do movimento.

O processo de sustentação da mudança se faz com ritmo e com método e exige o uso de todos os mecanismos, ferramentas e técnicas para que as mudanças do barco produzam a transformação do cheiro do lugar. Durante todas as etapas uma comunicação influenciadora, intensiva e sistemática deve fluir nos diversos pontos do barco.

Sabemos que cultura e a liderança são indissociáveis. Se não se cuidar da liderança, se ela não for desenvolvida, não há como a empresa gerir corretamente a cultura, não há como gerir o cheiro do lugar.

Um Dirigente e uma Equipe Dirigente governam, dão o rumo, dirigem o barco. Não o deixam à deriva.

Estar à deriva é literalmente deixar-se levar. Opõe-se ao conceito de liderança, que é mudar o fluxo natural das coisas.

5
VIVER NÃO É PRECISO

5
VIVER NÃO É PRECISO

Começamos este livro afirmando que navegar é preciso. O autoconhecimento é a bússola. Conhecer o próprio temperamento, os rios e correntezas do nosso interior, e formar o próprio caráter, tornando-se capaz de se colocar no mirante e de refletir sobre si mesmo e sobre a realidade, é a chave para cada um saber o que fazer da própria vida, para ser livre.

Os pontos cardeais do reto pensar são:

- o ser humano é só;

- a culpa é inútil;

- *(there is) no free lunch*;

- saiba o chapéu que você está usando;

- a premissa do ser honesto.

O rumo ético da navegação é representado pela premissa de ser honesto e constitui a base da construção do caráter.

Embora a ciência sobre o ser humano, e sobre ser humano, possa conferir precisão à orientação do indivíduo rumo a sua realização pessoal e profissional, oferecendo-lhe bússolas para nortear sua peregrinação existencial pelo mundo, a vida é muito mais do que a capacidade humana de compreendê-la e prevê-la. A experiência dramática e inédita dos impactos de uma pandemia em todo o planeta é um exemplo claro disso.

São também orientadores da sua localização os estágios de desenvolvimento de pequenos coletivos. No estágio do Grupo, o mais primário deles passa pelas seguintes fases:

- anarquia grupal;
- obediência cega;
- desobediência;
- teatro.

No estágio do Time, este pode ser Time Gestor ou Time Líder. A Equipe Dirigente é o coroamento da evolução de uma grupalidade e pode chegar, inclusive, à Equipe Estadista.

Estabelecemos cinco âncoras para descrever o estágio de Time, que se transformam em motores no estágio das Equipes:

- o objetivo coletivo se transforma em propósito na Equipe;
- as relações entre os membros se transformam em *esprit de corps* na Equipe;
- as competências se transformam em valorização das diferenças, base para a inovação na Equipe;
- as regras do jogo se transformam em confiança na Equipe; e
- os resultados se transformam em resultados extraordinários e admiráveis na Equipe.

Sabemos as consequências da direção de um barco quando o *top management* está no estágio de Grupo e as diferenças quando está no estágio de Equipe, que será sempre Dirigente por conjugar competências subjetivas e objetivas, articulando-as com as competências políticas. Mas, ainda que o conhecimento da ciência sobre o grupo humano possa dar-lhe motores para promover a sua evolução de grupo a Equipe, os fenômenos ultrapassam muito a capacidade humana de, naturalmente, tomar consciência deles. Temos ainda de reconhecer que a vida é muito mais do que o conhecimento que temos dela.

O conhecimento sobre a cultura de uma empresa e o processo de sua transformação também é preciso. Já sabemos as dimensões de uma cultura empresarial e o poder da liderança em transformá-la.

Mesmo que a ciência da Administração pesquise e descubra todas as variáveis que interferem na gestão da cultura de uma empresa, produzindo mapas que orientem o ser e o fazer executivo, o ambiente sempre pode surpreender e ameaçar o governo do barco, seja com ventos inesperados, seja com cheiros do mar (a cultura nacional) que impregnam o cheiro do barco (a cultura organizacional).

Se navegar tem ciência, que permite precisão, viver não é preciso, ou seja, não tem precisão, não tem exatidão. Nem toda a genialidade utilizada para produzir motores, bússolas e mapas é capaz de substituir a inteligência e a intuição do timoneiro.

Viver não é preciso (não é exato), mas que saída tem o navegante a não ser preparar-se para tempestades e mares revoltos?

Tal metáfora nos parece muito útil para pensar a forma como as empresas reagiram à pandemia no início da década de 2020. Aquelas que se valeram da virtude para preparar sua cultura souberam lidar muito melhor com a tempestade do que aquelas que negligenciaram a inovação, apesar de todas as decisões estratégicas.

A imprecisão do ambiente, mesmo quando o barco não consegue enxergar o futuro no "vale da morte", reforça a necessidade do conhecimento preciso da navegação. É preciso munir-se de bússolas e promover o autoconhecimento do executivo. Geralmente capaz de cuidar do barco, dada a sua competência como Gestor, ele deve também ser Líder, ter a competência pessoal de lidar com as correntezas do seu temperamento, com a consciência de sua predisposição de fechar suas comportas em alguns momentos e de inundar rios vizinhos em outros, além de exercer essa competência com as pessoas e na gestão da cultura, sempre a articulando com a competência política, que lhe permite construir pontes, influenciar rotas que não estão sob seu comando direto.

Vale lembrar que vivemos em um país com grande desigualdade de renda e oportunidades, com diferentes níveis de desenvolvimento em suas cidades, distribuídas por uma nação de proporção continental. Ao atuar como Estadista, o timoneiro sabe do seu poder de influência para modificar o ambiente e deixar a sua marca no mar. Sabe da importância de liderar Equipes Dirigentes não somente dentro de suas empresas. Tem consciência de que seu barco é apenas uma embarcação no oceano, mas é possível compor frotas colaborando com outras equipes e outras pessoas que compartilham propósitos semelhantes.

A rigor, e aqui nos despedimos da viagem, estamos todos no mesmo barco, navegando por um planeta que não se cansa de nos alertar de que somos hóspedes na vida. Somos ou fomos hóspedes em cada barco em que estamos ou estivemos embarcados. Somos hóspedes dos rios e mares por onde governamos as nossas embarcações. Na verdade, somos hóspedes do planeta. No futuro, e esperamos que seja em um futuro distante, vamos fazer o nosso *checkout*. De nossa estadia, ficará apenas o nosso legado. Cabe a você deixar o seu!

POST SCRIPTUM

Que tal fazer o seu exercício de navegação lembrando sempre seu papel como indivíduo singular que é, como membro de uma Equipe (quiçá Estadista), como semeador da Cultura (quiçá Estadista) e como Cidadão (quiçá Estadista) que tem o poder de influenciar a si mesmo, os tripulantes, o cheiro do barco, os portos onde atracar, as rotas a seguir e, mais: os mares nos quais você navega?

As perguntas a seguir podem ajudá-lo. Com a ousadia de quem lhe quer bem, convidamos você a responder... o que está na sua cabeça, no seu coração e na sua alma! Boa viagem!

De qual porto está partindo agora o navio em que estou embarcado?
_____
_____
_____
_____

Aonde quero chegar?
_____
_____
_____
_____

Que competências (subjetivas, objetivas e políticas) tenho para essa viagem?
_____
_____
_____
_____

Quais competências (subjetivas, objetivas e políticas) preciso desenvolver?

_____
_____
_____
_____

Quais são os meus valores inegociáveis?

_____
_____
_____

Os pequenos coletivos dos quais faço parte trabalham como Grupo, como Time ou como Equipe? Por quê? E o que preciso fazer para exercer meu papel de protagonista na evolução dos pequenos coletivos?

_____
_____
_____
_____

Quem está embarcado comigo?

_____
_____
_____
_____

POST SCRIPTUM

Quem eu gostaria de ter no meu navio?
_____
_____
_____
_____
_____

Alguém precisa desembarcar?
_____
_____
_____
_____
_____

O que preciso levar na minha bagagem?
_____
_____
_____
_____
_____

O que preciso tirar da minha bagagem?
_____
_____
_____
_____
_____

O que preciso fazer de forma diferente para integrar o ainda seleto grupo de Dirigentes Estadistas?

Pense bem! É preciso aumentar o percentual de dirigentes estadistas, hoje de somente 5%. O Brasil não pode prescindir de você....

_____
_____
_____
_____
_____

Que mensagem eu escrevo para colocar na garrafa que será jogada ao mar e que será encontrada e divulgada para o mundo?

_____
_____
_____
_____
_____

Faça uma ótima viagem!

NOTAS

[I]TANURE, Betania. Ninguém é perfeito, mas uma equipe pode chegar perto. **Jornal Valor Econômico**, São Paulo, p. D16 - D16, 01 abr. 2011.

[II]BRASIL, Maria Auxiliadora de Souza. **A trilogia: religião – O novíssimo testamento = The Trilogy: religion – The newest testament**. Belo Horizonte: Fundação Souza Brasil, 2017. 154p. (Surge uma Aurora, 1).

BRASIL, Maria Auxiliadora de Souza. **A trilogia: ciência: da psicoterapia analítico-fenomemológico-existencial: os fundamentos = The trilogy: science: on analytical-phenomenological-existential psychotherapy: the fundaments**. Belo Horizonte: Fundação Souza Brasil, 2019. 468 p. V.1. (Surge uma Aurora, 3).

BRASIL, Maria Auxiliadora de Souza. **A trilogia: ciência: da psicoterapia analítico-fenomemológico-existencial: a teoria = The trilogy: science: on analitical-phenomenological-existencial psychotherapy: The theory**. Belo Horizonte: Fundação Souza Brasil, 2020. 512 p. V.2. (Surge uma Aurora, 4).

BRASIL, Maria Auxiliadora de Souza. **A trilogia: ciência: da psicoterapia analítico-fenomemológico-existencial: a técnica = The trilogy: science: on analytical-phenomenological-existencial psychotherapy: the technique**. Belo Horizonte: Fundação Souza Brasil, 2020. 442 p. V.3. (Surge uma Aurora, 5).

BRASIL, Maria Auxiliadora de Souza. **A trilogia: ciência: da psicoterapia analítico-fenomenológico-existencial: a simbolização = The trilogy: science: on analytical-phenomenological-existential psycotherapy: symbolization**. Belo Horizonte: Fundação Souza Brasil, 2019. 328 p. (Surge uma Aurora, 6).

[III]PESSOA, Fernando. **Livro do Desassossego** por Bernardo Soares, recolha e transcrição dos textos: Maria Aliete Galhoz (e) Teresa Sobral Cunha, prefacio e organização: Jacinto do Prado Coelho, 2 vols. Ática, Lisboa, v. 2, 1982.

[IV]BLANCHARD, Ken. **Liderança de Alto Nível-:** Como Criar e Liderar Organizações de Alto Desempenho. Bookman Editora, 2007

[V]BARROS, Betania. Tanure. **Executivos: sucesso e in-felicidade**. Elsevier Brasil, 2007.

[VI]BRASIL, Maria Auxiliadora de Souza. **A trilogia: filosofia: a metateoria do conhecimento filosófico = The trilogy: philosophy: The metatheory of philosophical knowledge**. Belo Horizonte: Fundação Souza Brasil, 2019. 252 p. (Surge uma Aurora, 2).

[VII]BRASIL, Maria Auxiliadora de Souza. **A trilogia: ciência: da psicoterapia analítico-fenomemológico-existencial: a teoria = The trilogy: science: on analitical-phenomenological-existencial psychotherapy: The theory**. Belo Horizonte: Fundação Souza Brasil, 2020. 512 p. V.2. (Surge uma Aurora, 4).

BRASIL, Maria Auxiliadora de Souza. **A trilogia: ciência: da psicoterapia analítico-fenomemológico-existencial: a técnica = The trilogy: science: on analytical-phenomenological-existencial psychotherapy: the technique**. Belo Horizonte: Fundação Souza Brasil, 2020. 442 p. V.3. (Surge uma Aurora, 5).

[VIII]TANURE, Betania. Chega de desculpas verdadeiras é preciso mudar de atitude. **Jornal Valor Econômico**, p. D3 - D3, 01 out. 2015

[IX]KANT, E. **Resposta à Pergunta: Que é esclarecimento?**

[X]COVEY, Stephen R. **The seven habits of highly effective people**. Provo, UT: Covey Leadership Center, 1991.

[XI]TANURE, Betania; PATRUS-PENA, Roberto. **Formação de equipes para uma empresa estadista**. Harvard Business Review Brasil, v. 91, p. 66-75, 2013.

[XII]GHOSHAL, Sumantra; TANURE, Betania . **Estratégia e Gestão Empresarial**. 1ª. ed., 2004. 271p.

[XIII]TANURE, B.; PATRUS, R. **Natura**: a realização de um sonho. São Paulo: Campus-Elsevier, 2011.202p.

[XIV]TANURE, Betania. Ninguém é perfeito, mas uma equipe pode chegar perto. **Jornal Valor Econômico**, São Paulo, p. D16 - D16, 01 abr. 2011.

[XV]BURCH, Noel. **The four stages for learning any new skill**. Gordon Training International, CA, 1970.

[XVI]TANURE, Betania; PATRUS, Roberto. **A virada estratégica da fiat no brasil**: liderança de mercado e liderança de resultados. Rio de Janeiro: Campus Elsevier, 2012.

[XVII]KIM, Chan; MAUBORGNE, Renée: **A Estratégia do Oceano Azul** – como criar novos mercados e tornar a concorrência irrelevante; Rio de Janeiro: Campus, 2005.

[XVIII]TANURE, Betania. É preciso cuidado para não perder o trem do desenvolvimento. **Jornal Valor Econômico**, p. D3 - D3, 26 nov. 2015.

[XIX] TANURE, Betania. **Gestão à brasileira**: uma comparação entre América Latina, Estados Unidos, Europa e Ásia. 2. ed. São Paulo: Atlas, 2005.

[XX]HOFSTEDE, G.; Garibaldi de Hilal, A. V.; Malvezzi, S.; Tanure, B.; Vinken, H. Comparing Regional Cultures Within a Country: Lessons from Brazil. **Journal of Cross-Cultural Psychology**, v. 41, p. 336-352, 2010.

[XXI]LAZZARINI, Sérgio G. **Capitalismo de laços**: os donos do Brasil e suas conexões. Elsevier, 2011.

[XXII]GHOSHAL, Sumatra; TANURE, Betania. **Estratégia e Gestão Empresarial**. 1ª. ed., 2004. 271p.

[XXIII]TANURE, Betania; EVANS, P.; PUCIK, Vladimir. **A Gestão de Pessoas no Brasil**: Virtudes e Pecados Capitais. 1ª. ed. Rio de Janeiro: Elsevier, 2006. v. 1. 232p.

[XXIV]TANURE, Betania; CANÇADO, Vera L. **Fusões e aquisições**: aprendendo com a experiência brasileira. Revista de administração de empresas, v. 45, p. 10-22, 2005.

[XXV]TANURE, Betania; PATRUS-PENA, Roberto. **Os dois lados da moeda em fusões e aquisições**: o case da F&A dos bancos ABN AMRO, Real, Sudameris e Santander. 1. ed. Rio de Janeiro: Elsevier, 2011. v. 1. 199p.

[XXVI]TANURE, Betania. É preciso cuidado para não perder o trem do desenvolvimento. **Jornal Valor Econômico**, p. D3 - D3, 26 nov. 2015.

BetaniaTanure

Psicóloga, Doutora em administração pela Brunel University (Inglaterra), professora convidada do Insead (França), do Trium (NY University, London School of Economics, HEC) e da London Business School. Sócia-fundadora da Betania Tanure Associados – BTA, atua em empresas nacionais e internacionais com gestão empresarial, gestão de cultura, liderança, equipes de alta performance e governança. Colunista do jornal Valor Econômico, é autora de diversos livros publicados no Brasil e no exterior, entre eles: *A Gestão de Pessoas no Brasil: Virtudes e Pecados Capitais*, em coautoria com Paul Evans (INSEAD) e Vladimir Pucik (IMD) e *Estratégia e Gestão Empresarial: Construindo Empresas Brasileiras de Sucesso*, em coautoria com Sumantra Ghoshal (London Business School).

Roberto Patrus

Psicólogo, filósofo, educador, Doutor em Filosofia, Mestre em Administração, foi professor e pesquisador da PUC Minas por mais de 30 anos. É consultor associado da BTA, reitor da Escola Existencial Otávio de Oliveira Brasil e Diretor Técnico da Fundação Souza Brasil. Trabalha como Psicólogo no Centro de Psicoterapia Analítico-fenomenológico-existencial (CEPAFE), tanto em grupos quanto em atendimentos individuais. Autor de livros e artigos diversos sobre ética, educação e negócios.

QUALITYMARK EDITORA

Entre em sintonia com o Mundo

Qualitymark Editora Ltda.

Rua Carlos Machado, 155 – sala 207
Polo Cine e Vídeo – Jacarepaguá
22775-042 – Rio de Janeiro – RJ
Tels.: (21) 3597-9055 / 3597-9056
Vendas: (21) 3296-7649

E-mail: quality@qualitymark.com.br
www.qualitymark.com.br

Dados Técnicos:

• Formato:	16 x 23 cm
• Mancha:	11 x 19 cm
• Fonte texto:	Garamond
• Corpo:	12
• Entrelinha:	14
• Total de páginas:	256
• Lançamento:	2022